さいたま市長
清水勇人

もっと身近に、もっとしあわせに

市民満足度90%超の都市へ

埼玉新聞社

さいたま市の「運命の10年」、私のビジョンと市政運営

Introduction

2016（平成28）年3月、「首都圏広域地方計画」が大臣決定されました。これは国土形成計画を受けたもので、概ね2025（平成37）年までを計画期間としています。その中間年である2020（平成32）年には東京オリンピック・パラリンピックの開催が予定されており、首都圏を取り巻く状況は大きく変貌するでしょう。首都圏広域地方計画の計画期間、つまりこれからの10年間は、首都圏の将来を決するともいえる「運命の10年」であり、私たちにとって極めて重要な時間になります。

人口構造の急激な変化や切迫する大規模災害などさまざまな課題に対応した、さいたま市の未来像をしっかりと描くことが重要であり、「運命の10年」はそれらを実現するために私たちに与えられた大切な時間です。

本章を始めるにあたって、このことをはっきりと記しておかねばなりません。

さいたま市がこれまで取り組んできたいくつものプロジェクトが、この首都圏広域地方計画に組み込まれたということです。つまり、私たちのさいたま市のこれまでの取り組みはさらに国の後押しを受け、あるいは国と連携してプロジェクトを実現していくのです。

清水 勇人

もくじ

Contents

Contents

序章

「CS90運動」を進めています

「住みやすい」8割超のもっと先へ

83・2%――この割合は何を示しているのか、ご存知でしょうか。さいたま市は毎年、さいたま市民意識調査を実施しています。調査を始めたのは10年前の平成19年度です。広聴活動の一環として、施策に対する市民のみなさんの意向などを把握し、今後の市政運営の参考にするのが目的で、平成23年度からはインターネットによる調査も行っています。

83・2%は、平成28年度の調査でさいたま市が「住みやすい」「どちらかといえば住みやすい」と答えた方の割合です。さらに、「住み続けたい」と答えた方の割合は84・6%（同年度）と、それぞれ過去最高の数値に達しています。

調査を開始した10年前、「住みやすい」、あるいは「どちらかといえば住みやすい」と感じていた方の割合は74・0%。私が市長になった平成21年度の調査では76・2%でした。その割合は年々増加して平成24年度には80%を超え、さらに上昇傾向が続いています。

みなさんは、この結果についてどう思いますか。

全国の自治体が住民の意識調査を行っています。その調査内容はそれぞれに異なっており、質問の仕方や項目などが統一されているわけではありませんから一様に評価することはできませんが、それでも8割を超える住民が住みやすいと感じている自治体が全国にどれほどあるでしょうか。

私は8割を超える市民のみなさんが「住みやすい」、あるいは「住み続けたい」と感じているさいたま市を誇りに思っています。そして、この結果を市民や職員にもっと知ってほしいと考えています。

しかし、私は8割超という現在の結果に満足しているわけではありません。さらなる高みを目指しています。市民のみなさんにさいたま市を住みやすいと感じていただけることが、市民満足度を示す指標の一つだと考えているからです。

すでに市民満足度が8割を超えている現状を思えば、ここから先の道程はさらに険しくなるでしょう。登山に例えるなら、私たちは今8合目を越えたあたりに立っています。7合目からここまで10年の月日がかかりました。さらに、私たちは山頂を目指します。しかも、スピード感を持って。

立ちはだかる山の頂は富士山でしょうか、エベレストでしょうか。険しく、苦しいからこそ、目的や目標をしっかりと持って着実に、そして最善のルートを切り開いて歩を進めなければなりません。

「CS90」とは何か

2015（平成27）年2月、市議会定例会の本会議。私は平成27年度の施政方針説明の中で、こう訴えました。

「私は、現状に満足することなく、『さいたま市が住みやすい』と感じる市民の割合を2020年までに90%以上とする高い目標を掲げ、さまざまな取り組みをさらに進めてまいります。

この市民満足度90%に向けた取り組みを『CS90運動』と名付け、より多くの市民のみなさまから住みやすいといわれる都市の実現に向けて、市民や事業者のみなさまと連携して、全庁一丸となって取り組んでまいります」

これは、市民満足度90%という高い目標へ向かって舵をとる私の決意であり、目標年までをはっきりと公に示しました。

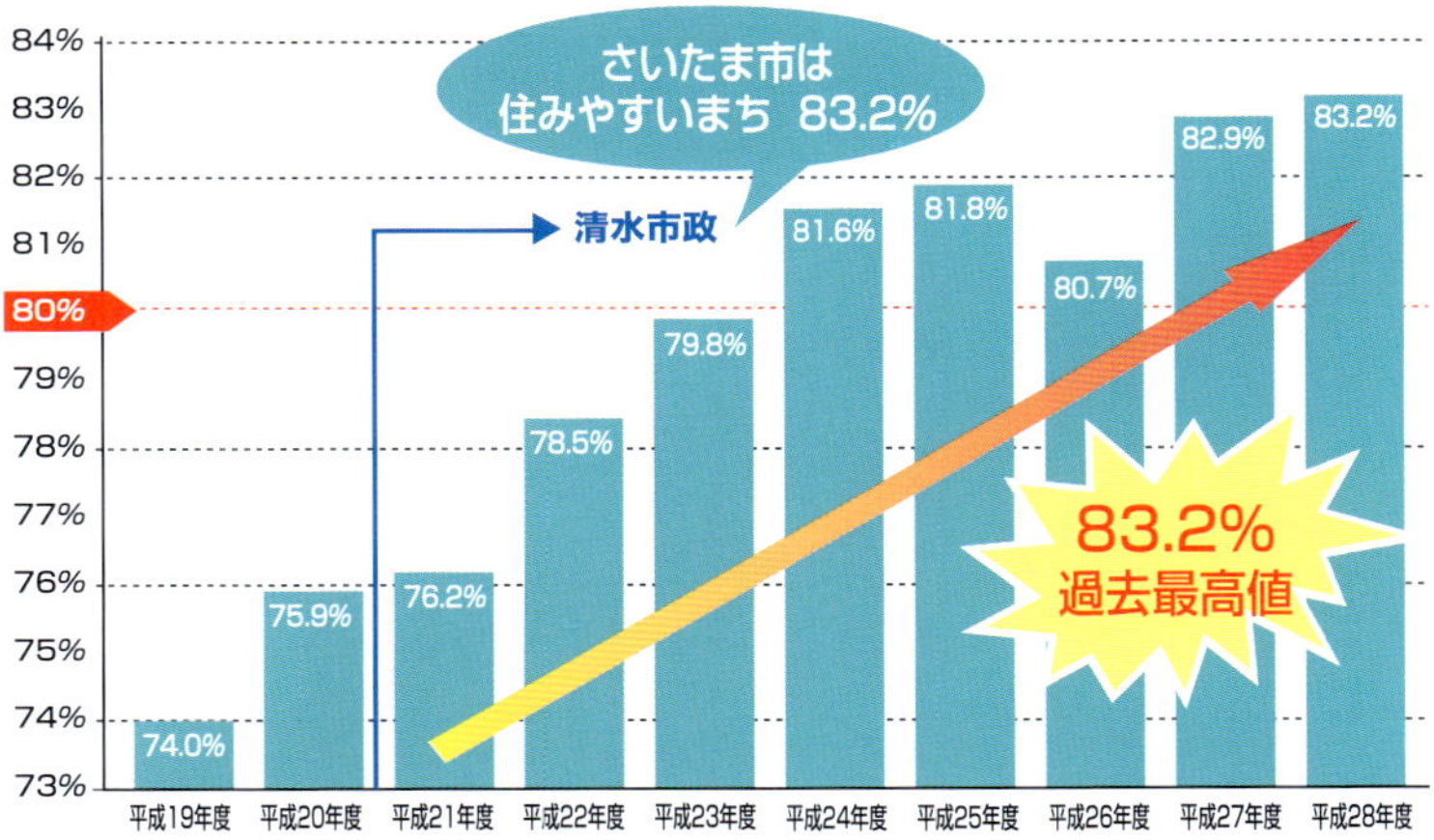

図０-１ 「住みやすい」「どちらかといえば住みやすい」の合計値（さいたま市民意識調査より）

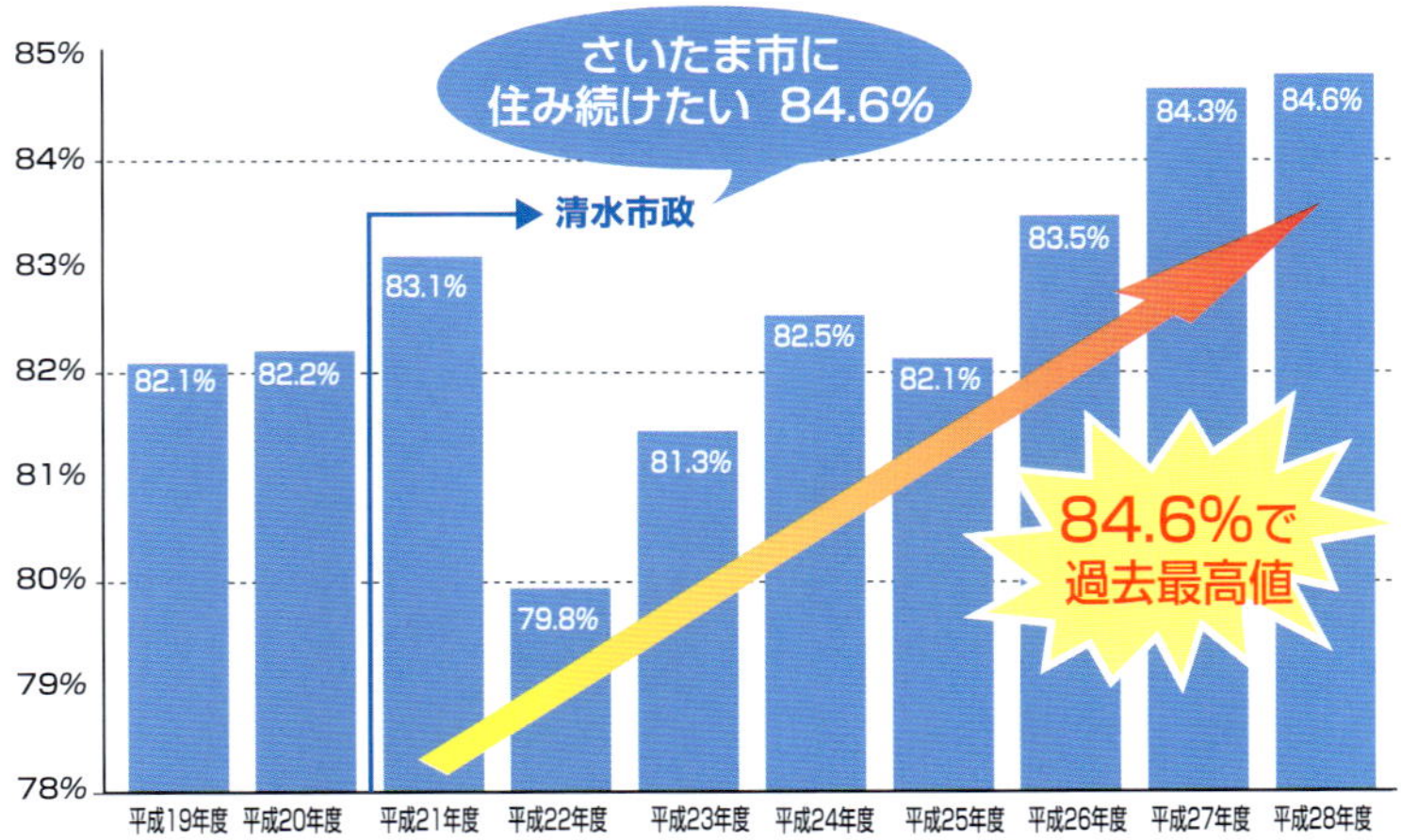

図０-２ 「当分の間住み続けたい」「今の地域でずっと住み続けたい」の合計値（さいたま市民意識調査より）

目標とした2020（平成32）年は、さいたま市の総合振興計画の最終年度に当たります。総合振興計画は、長期的な展望に基づいて、都市づくりの将来目標を示すとともに、市政を総合的、計画的に運営するために行政の計画や事業の指針を明らかにするもので、市政運営の最も基本となる計画です。ですから、この年はさいたま市にとって大きな節目です。加えて、東京オリンピック・パラリンピックが開催されますから、日本にとっても時代の転換点になるでしょう。

さて、「CS」とは聞きなれない言葉です。マーケティング用語やビジネス用語では顧客満足度を指す「Customer Satisfaction」の略として使われることが多いですが、私たちは「Citizen Satisfaction」の頭文字をとって市民満足度を示す言葉として使っています。そして、私たちがこれまで続けてきた、目標に向かって挑戦する「チャレンジ　さいたま（Challenge Saitama）」という姿勢を示す言葉でもあります。

私は職員に対して、さいたま市役所は「市民一人ひとりのしあわせコーディネーター」であると伝えています。これは、私たちの仕事のすべては市民のしあわせを応援するためにあるという意味で、そうした意識を持って全職員が仕事に取り組むことの大切さを訴えてきました。それは、市民の声や現場の声を大切にする徹底した現場主義で市政運営に臨むことを基本姿勢にしているからです。

忘れられない出来事があります。市長に当選して間もない頃、ある小学校で挨拶運動に立った時のことです。一人のお母さんに声をかけられました。聞けば、特別支援学級に通うお子さんがさいたま市のユーモア大賞で表彰され、私から表彰状を手渡されたとのことで、以来、お子さんの表情が明るくなり、とても積極的になったと涙を流して喜んでくれました。

私は月に何度か表彰状や感謝状を渡す機会がありますが、それ以来いつも大きな声で心を込めて読み上げるようにしています。私たちの仕事の一つ一つは、日常的な業務で単純なことの積み重ねかもしれません。しかし、子どもたちや市民のみなさんの人生を変えてしまうような大きな仕事でもあるのです。さらに言えば、その積み重ねが市民のみなさん一人一人のしあわせの実現につながり、その結果が市民満足度向上の高みへとさいたま市を導く大きな力になるのです。

市長になって2期目、こうした積み重ねを続ける中で感じてきたことがあります。

世界の風が駆け抜ける興奮と熱狂を。
スポーツで日本一笑顔あふれるまちへ

J:COM presents
DÉPART/ARRIVÉE
J:COM

行政サービスを提供しているのは職員です。その一人一人にはどんな役割や使命があり、課や部、局、市役所全体が目指す先はどこにあるのか。「市民一人ひとりのしあわせコーディネーター」であることへの使命感を、全庁で共有しなければなりませんし、私たちはさらに意識を変える必要もあるでしょう。

そのためには、誰にでも分かりやすい共通の目標が必要だと考えました。そして、その目標の達成に向けて、職員一人一人、各課部局がそれぞれの目標を定め、しっかりと取り組んで着実に達成することが大切だと考えています。

「CS90運動」は、市民満足度90%以上を目指すという誰にでも分かりやすい目標です。2015(平成27)年7月、正式名称「さいたま市CS90運動」として、全体像とスタートアップ戦略を報道発表し、この運動は本格的に始まりました。

「さいたま市CS運動」は分かりやすい共通の目標であると述べましたが、これを達成するのは簡単なことではありません。すでに、さいたま市を「住みやすい」「住み続けたい」と感じている市民のみなさんが8割を超えているわけですし、市民満足度は行政サービスの充実だけで向上できるわけでは決してないからです。

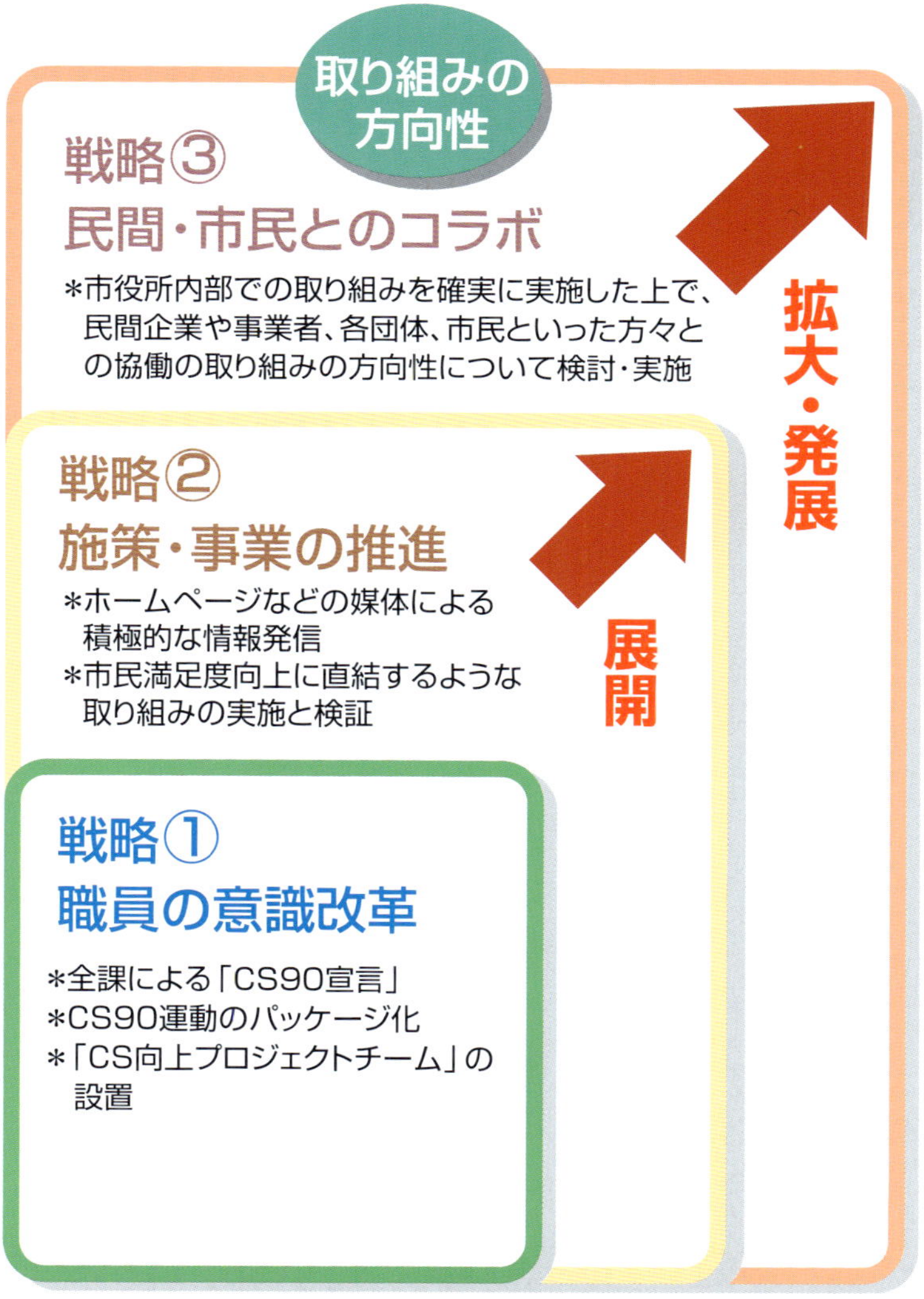
取り組みの方向性
戦略③
民間・市民とのコラボ
＊市役所内部での取り組みを確実に実施した上で、民間企業や事業者、各団体、市民といった方々との協働の取り組みの方向性について検討・実施
拡大・発展
戦略②
施策・事業の推進
＊ホームページなどの媒体による積極的な情報発信
＊市民満足度向上に直結するような取り組みの実施と検証
展開
戦略①
職員の意識改革
＊全課による「CS90宣言」
＊CS90運動のパッケージ化
＊「CS向上プロジェクトチーム」の設置

図0-3

そこには市民のみなさん、事業所や団体のみなさんの協力が欠かせません。まずは私たち市役所が先頭を切ってスタートし、市民のみなさんにもこの運動を理解していただき、高い目標を共有して、私たちと共に険しい道程を歩んでいただきたいのです。

さいたま市CS90運動が目指すもの

「さいたま市CS90運動」を始めるに当たって、私たちはこう考えました。

運動の全体像として、まずは「職員の意識改革」から始め、「施策・事業の推進」へ展開し、やがて「民間・市民とのコラボ」へとステージを展開、拡大していく。特に、スタートアップ戦略では「発信力の強化」を下支えにして「職員の意識改革」に重点を置いて取り組む――。

この運動を本格化する中で、職員からさまざまなアイデアが生まれました。キャッチフレーズとロゴマークの策定もその一つです。

もっと身近に、もっとしあわせに

職員からさまざまなアイデアが生まれました

さいたま市 2020 CS90 CS90運動

もっと身近に、
もっとしあわせに

区の色を盛り込んだ岩槻区バージョン

このキャッチフレーズには、さいたま市役所全職員が市民のみなさんと同じ目線に立って行動することで、さいたま市役所を市民のみなさんに、より「身近」に感じてほしい、そして市民満足度が向上することで、より「しあわせ」を感じてほしい、という願いが込められています。

また、発信力の強化のためにロゴマークも作成しました。マークは、電光掲示板のようなデジタルフォントを採用しています。2020年に開催される東京オリンピック・パラリンピックを意識し、さいたま市役所職員と市民のみなさんへの啓発につながるよう、スポーティでスピード感のあるイメージを大切にしたデザインになっています。スピードメーターを思わせる丸いオブジェクトで囲うことで、「市民満足度90％」という目標を目指す私たちの姿勢と意気込みをよく表していると感じています。

私は「さいたま市CS90運動」を職員の発案、提案から推進することが意識改革の上でとても重要だと考えています。そのため、職員提案プロジェクトの第一歩として

子どもたちの元気な笑顔にいつも励まされます

「CS向上ワーキンググループ」をつくり、この運動で取り組むプロジェクト立案に向けたアイデアの創出に取り組みました。ワーキンググループは職員公募で集まったメンバーで構成され、メンバーの役職や仕事内容はさまざまです。グループに分かれ、それぞれの立場から思い思いのアイデアや改善策を提案して、幅広い議論を積み重ねてきました。「さいたま市CS90運動」は、ワーキンググループから生まれたさまざまな取り組みアイデアの中から、より効果的で即応可能なものをプロジェクトとして採用し、全庁一丸となった実施を目指すものです。

私は、市民満足度のさらなる向上には、職員がそれぞれの業務や取り組みをしっかりと着実に果たすのはもちろんのこと、その目的や成果、そしてどんな効果があったのかを市民のみなさんへしっかりと、分かりやすく伝える視点を持つことがとても大切だと考えています。情報発信のあり方によって、私たちの取り組みに対する市民のみなさんの評価が変わり、ひいては市民満足度の向上に少なからず影響すると考えるからです。

市民のみなさんと私たちとの間で、情報や問題意識などをしっかり共有することが

お祭りは地域を知る機会になります

できれば、お互いの距離感はもっともっと縮まり、私たちに対する市民のみなさんの信頼感や、さいたま市としての一体感の向上につながるはずです。

また、職員もさいたま市の大切な市民の一員であり、市役所で働く職員の満足度の向上も重要な視点です。ワークライフバランスの重要性が叫ばれ、働く人たちの価値観が多様化して意識が変化しています。職場環境や働き方を見直すことで、職員の業務や取り組みへのモチベーションはより一層向上するでしょう。

実は、それこそがさらなる市民満足度の向上へと実を結ぶのです。私は、さいたま市の価値を高めるためには、職員の満足度が高くならなければならないと認識しています。こうしたことから、ワークキンググループでは職場改善についても熱い議論を重ねています。

さいたま市CS90運動の方針

私たちが実施するあらゆる施策や取り組みは、市民のみなさんの満足度の向上につながっています。繰り返しになりますが、その着実な推進こそが市民満足度90％以上という目標を実現へと導きます。

お気づきでしょうか。区役所などを訪れると、各課の窓口に「CS90行動目標」と書かれたポスターが掲示されています。

私たちは「さいたま市CS90運動」を進めるに当たって、全ての局、部、課がどのような姿勢で、どのような目標を重点にして市民満足度の向上に取り組むかを表明する「CS90宣言」を行いました。

また、これまでに取り組んできた、特に市民サービスや市民満足度の向上に深くかかわる業務や施策について整理し、「CS90運動パッケージ化」として次の4つのカテゴリーに統一、集約しました。

■接遇力の向上＝窓口や電話等における対応のスキルアップ

○丁寧な応対や挨拶の実施、分かりやすい説明などについて、個々の心がけにとどまらず組織として行う取り組み

市民のみなさんのご意見を聴く
「タウンミーティング」を
121回開催しました

市

○待ち時間の短縮や手続きの簡素化などを工夫して行う取り組み

■快適力の向上＝心地良い環境・空間の構築

○来庁者に心地良く感じてもらうためのアメニティの充実、快適な環境整備などを行う取り組み

○分かりやすい動線や案内表示、待合スペース確保などの工夫を行う取り組み

■情報力の向上＝情報発信の充実、周知や啓発の工夫

○情報提供等の手法やツールの多様化、発信回数の増加などを行う取り組み

○周知などの工夫や市民などへの積極的な働きかけ、双方向化を行う取り組み

■職員力の向上＝職員スキルや意識の向上、改善の実施

○CS向上に資する職員のスキルや意識、意欲の向上を図るために行う研修などの取り組み

○さらなるCS向上を図るために行う業務改善などの取り組み

みなさんの声をもっともっと聞かせてください

窓口や執務室に広く掲示された「CS90行動目標」は、こうした取り組みを「見える化」したものです。市民のみなさんへ私たちの姿勢や具体的な取り組みをお知らせするのはもちろんのこと、職員の目にも日々触れることで意識の向上や実践につながっています。

行動目標を掲げているのは部署だけではありません。実は、職員も一人一人の「CS90行動目標」を定めて、日々の業務に当たっています。「さいたま市CS90運動」の旗印のもと、すべての職員、課、部、局、区が自らの目標を明確にし、それを共有し、市民満足度90%以上という共通の目標へ着実に向かっています。

私たちは「さいたま市CS90運動」を市役所だけの取り組みにとどまらせず、市役所の外へ、さいたま市全体へ広げていこうと考えています。

市民のみなさんの83・2%がすでにさいたま市を「住みやすい」「どちらかと言えば住みやすい」と感じています。私たちが目指す市民満足度90%以上という目標まであと6・8ポイント。わずかなようで、遠く険しい道程です。市役所の頑張りだけでは決して到達することはできません。

まずは市役所の取り組みを着実に実施した上で、「さいたま市CS90運動」の輪を広げ、市民のみなさん、事業者や団体のみなさんと目標を共有して、協働しながらこの険しい道を上っていきたいと、私は心から思っています。

私たちは、市民のみなさんと同じ目線を何よりも大切にしながら、総合振興計画後期基本計画実施計画、しあわせ倍増プラン２０１３、さいたま市成長戦略、行財政改革推進プラン２０１３、まち・ひと・しごと創生総合戦略をはじめとする各種計画に掲げるさまざまな施策を着実に実施することで、市民満足度90％以上という目標の達成を目指します。

そして、何事にもチャレンジ精神を持って、「スマイル、スピード、スピリット、スピーク、信頼、誠実、清潔、整頓、使命感、正確さ」などを表す「S」を積み重ねて、市民のみなさんからもっと身近で信頼される「高品質市役所」の実現を目指していきます。

今年の大会は、私もフルマラソンに挑戦します

第1章　さいたま市の現状と抱える課題

まち・ひと・しごと、国に先行して

日本から896の市区町村が消滅するかもしれない――こんな衝撃的なニュースを記憶している方も少なくないでしょう。

2014（平成26）年5月、有識者らによる政策発信組織「日本創成会議」の人口減少問題検討分科会は、2040（平成52）年の地域の将来像を独自に推計して公表しました。それによれば、子どもを出産する女性の9割を占める20～39歳の若年女性の人口が半減して、全国の市区町村の半数が消滅する危機に直面するとされました。

国はこれを受ける形で、この年の11月に「まち・ひと・しごと創生法」を制定し、長期人口ビジョンと総合戦略を策定。「2060（平成72）年に1億人程度の人口を維持する」との将来像に向けて、取り組みを開始しました。

さいたま市も2015（平成27）年11月に、この法律に基づいて国の総合戦略の基本目標を踏まえて、「さいたま市人口ビジョン」と「さいたま市まち・ひと・しごと創生総合戦略」を策定しました。

さいたま市は東京圏に位置しており、東日本の交通が結節する都市です。私たちは創生総合戦略の中にさいたま市ならではの地方創生のあり方を盛り込み、さいたま市だけでなく、日本全体のまち・ひと・しごと創生に寄与することを目指しています。


ここで、みなさんに伝えたいことがあります。

それは、こうした国の一連の動きに先行して、私たちはすでに取り組みを進めてきたことです。

その一つが、市民のみなさん一人一人がさらに「しあわせを実感できる都市」を目指す「しあわせ倍増プラン２０１３」で、２０１３（平成25）年からの４年間で111の事業を実施します。そして、来るべき人口減少・少子高齢化社会を見据えて、市民や企業のみなさんから「選ばれる都市」を目指す「さいたま市成長戦略」です。

また、市政運営の最も基本となる「さいたま市総合振興計画」があります。長期的な展望に基づいて都市づくりの将来目標を示すもので、市政を総合的、計画的に運営するために各行政分野の計画や事業の指針を明らかにしています。

中でも「さいたま市成長戦略」は、さいたま市が国のまち・ひと・しごと創生法の動きに先駆けて取り組んできた、私たち独自の人口減少対策といえます。

詳細は別章に譲りますが、「さいたま市成長戦略」は、急激に進むことが予想される少子・高齢化などによる生産年齢人口の減少、保健・医療・福祉などへの需要の増加、財政構造の硬直化や一般財源の不足などの課題を見据えたもので、平成32年度を目途に7つのプロジェクトを推進しています。特に、これからの5～10年を重要な期間ととらえ、さいたま市の強みを生かしながら財源を集中させてスピーディーに取り組んでいます。

2・5人に1人が高齢者。さいたま市は

日本の人口は2016（平成28）年10月1日現在で、1億2693万人です。国立社会保障・人口問題研究所が2012（平成24）年に公表した「日本の将来推計人口」によれば、日本の人口は長期の人口減少過程に入っており、2026（平成38）年に1億2千万人を下回り、その後も減少を続けて2048年（平成60）年には1億人を

割って９９１３万人になるとされています。

では、さいたま市はどうでしょうか。まず、「さいたま市人口ビジョン」などから人口動向について紹介します。

さいたま市の人口は、２０１６（平成28）年9月1日現在で１２７万9千人を超えており、国立社会保障・人口問題研究所の推計値を上回って増えています。さいたま市独自の推計では、増加傾向はまだしばらく続きますが、２０２５（平成37）年をピークに減少に転じ、２０５０（平成62）年には約１１７万人になる見通しです。

過去30年間をみると、人口、世帯数ともに増加傾向にはありますが、人口増加は鈍くなってきており、世帯数も増加の程度が小さくなってきています。

また、1世帯当たりの人口は、１９８５（昭和60）年には3・18人でしたが、２０１４（平成26）年には2・29人に減少しています。

年齢別の人口構成をみると、団塊の世代と呼ばれる第1次ベビーブームと、団塊ジュニアと呼ばれる第2次ベビーブーム、つまり現在働き盛りの世代に膨らみがあることが分かります。さいたま市の特徴は、団塊ジュニア世代が多いことで、生産年齢人口の割合は全国平均よりも高くなっています。

社会動態についてもみてみましょう。社会動態とは一定期間における転入・転出に伴う人口の動きのことです。

さいたま市から転出する人口は緩やかな減少傾向にあります。一方、さいたま市へ転入する人口はほぼ横ばいなため、結果として人口は増加傾向で転入超過が続いています。

5歳階級別の転入超過数をみると、頼もしいことが分かります。さいたま市は15～34歳までの年代の転入が極めて多く、最も多いのが20～24歳の世代です。

また、一般的に定年退職の時期に当たる60～64歳を中心に転出が増え、70歳以上ではわずかな転入傾向にあります。

さて、さいたま市に転入されるみなさんはどの地域から、転出されるみなさんはどの地域へ移動しているのでしょうか。

転入状況をみると、さいたま市内の移動が24・9%、さいたま市を除く県内からが23・0%で、約半数を占めます。県外からは、東京都からが最も多く14・8%で、関

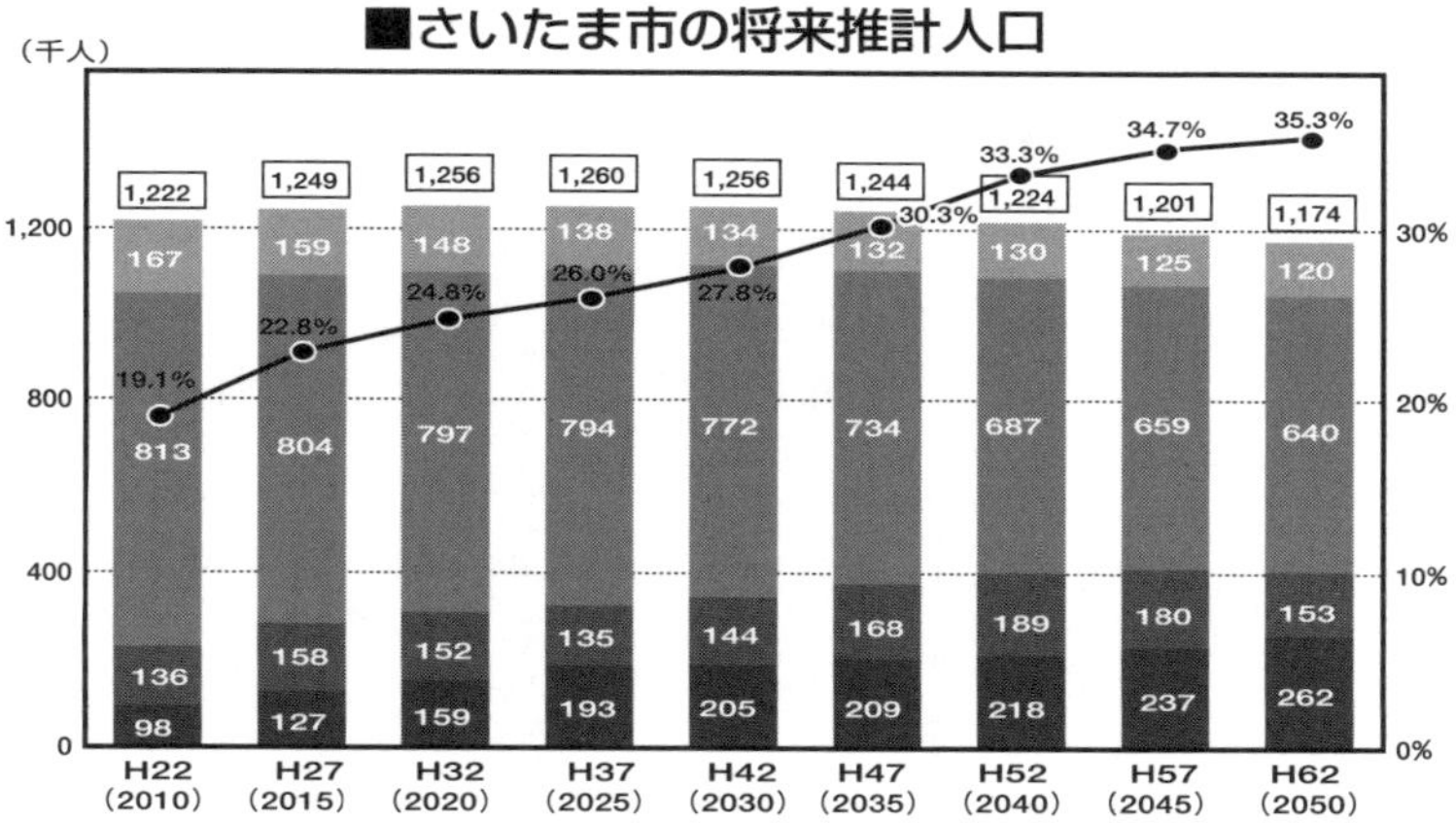

図１-１

※出展：さいたま市総合振興計画次期基本計画（さいたま市公共施設マネジメント計画・第1次アクションプランより）
※データはさいたま市が推計したもの

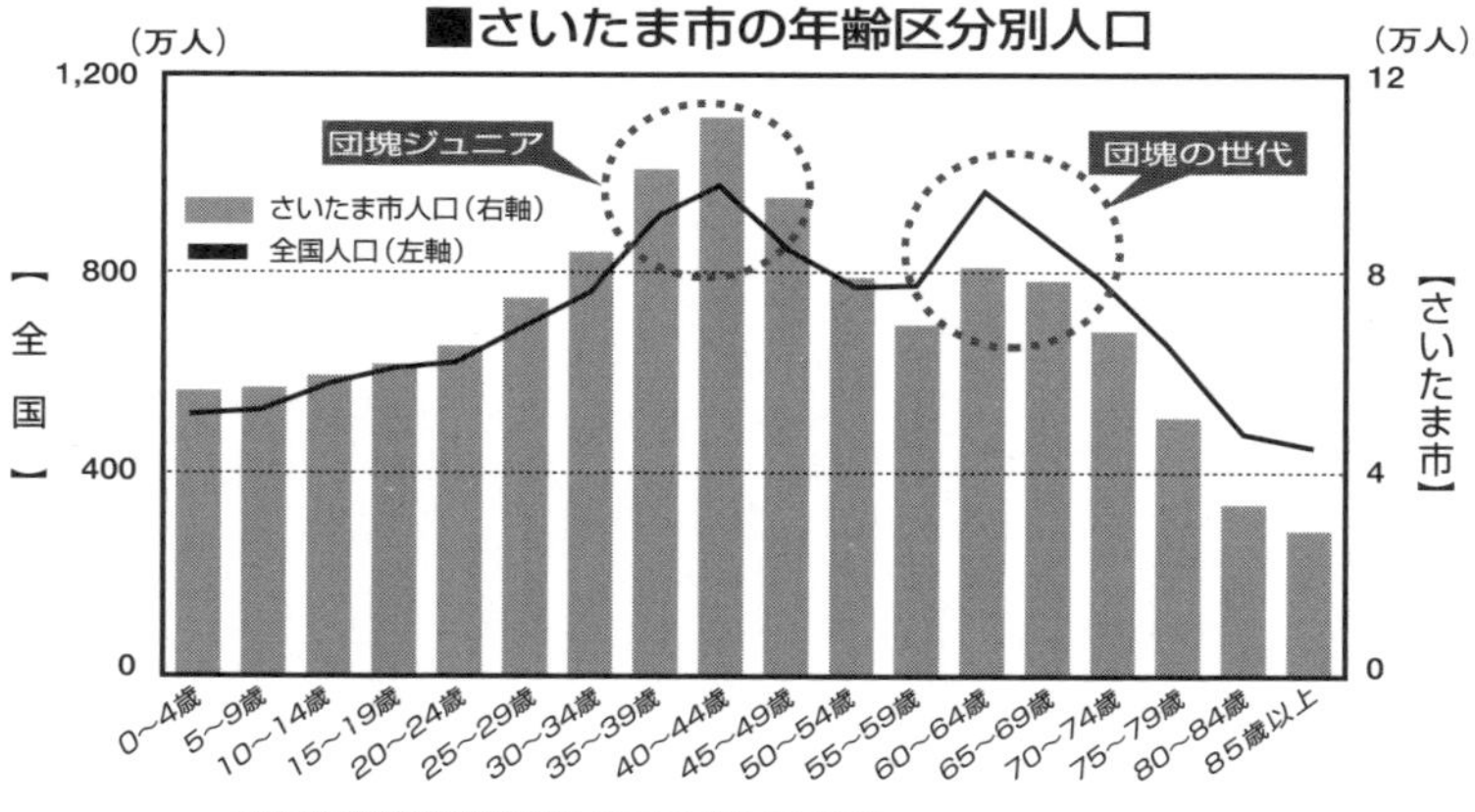

図１-２

【さいたま市の特徴】
■団塊の世代が人口の5%弱
■団塊ジュニア世代が団塊の世代より多い

※さいたま市人口は平成25年10月1日現在
※全国人口は総務省統計局による概算値（平成25年10月現在）

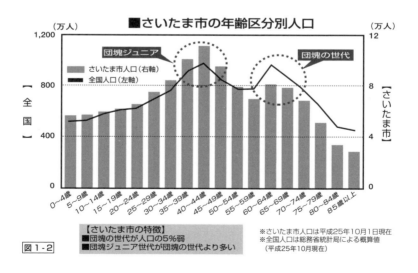

東を中心にした東日本からの転入が多いようです。
転出の傾向は転入状況とよく似ています。さいたま市内の移動が27・9%で最も多く、県内への転出が51・0%を占めています。東京都への転出は16・2%で、転入と同様に人口移動が多くなっています。

さいたま市の高齢化の状況

さいたま市の高齢化率は2015（平成27）年9月1日現在で、21・94%。およそ5人に1人が高齢者ということになります。これに対し、全国平均は26・8%（同年10月1日現在推計値、国立社会保障・人口問題研究所）、県平均は23・7%（同年1月1日現在、県総務部統計課）で、さいたま市の高齢化率は全国平均とは約4・9ポイント、県平均とは約1・8ポイント下回っています。

さいたま市にとって大きな問題は、高齢者人口が増加するスピードです。

首都圏を代表するベッドタウンとして発展を遂げてきたさいたま市は、団塊の世代

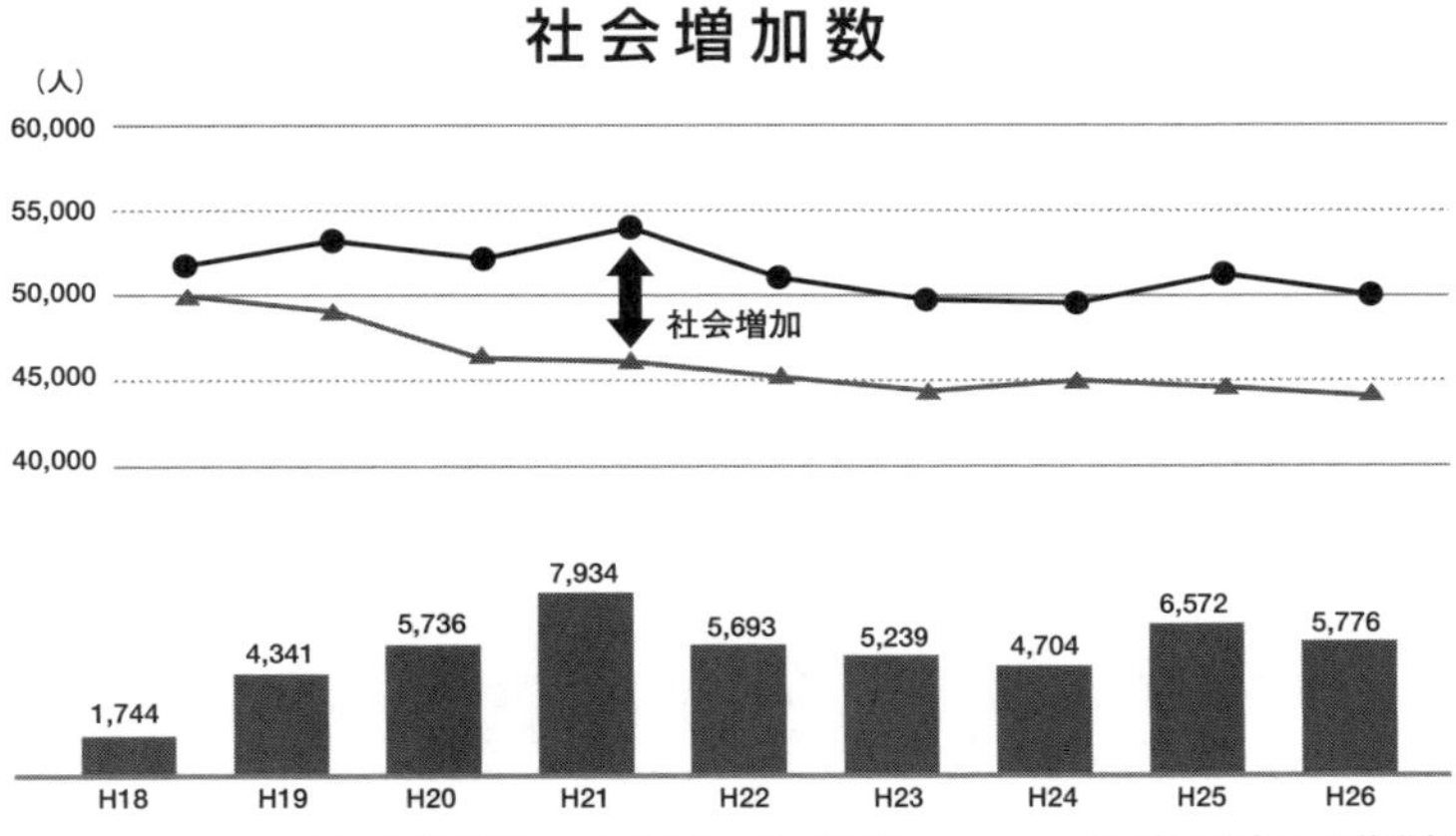

住民基本台帳人口移動報告

図１-３　※日本人異動者数のみ（市内移動は除く）

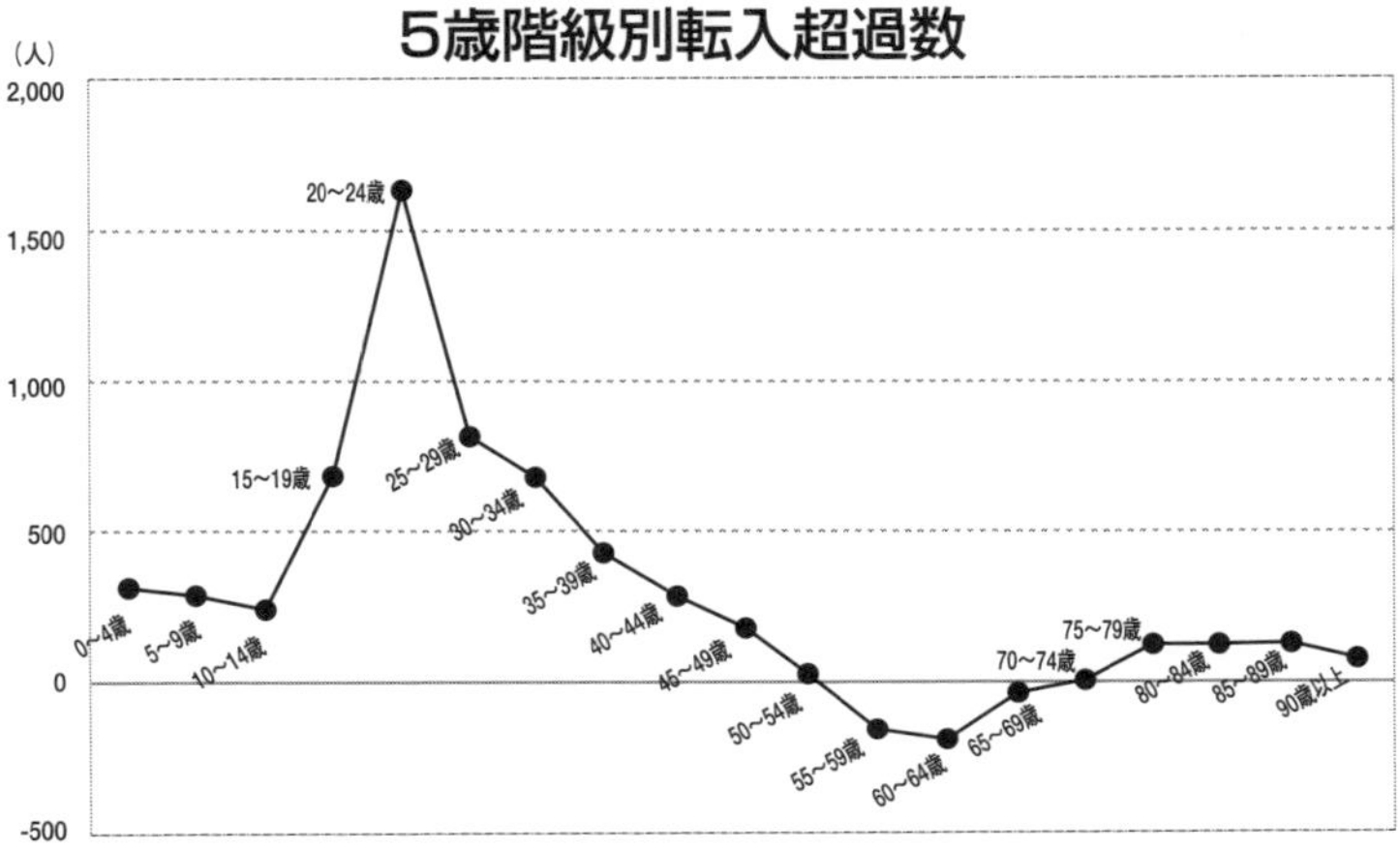

住民基本台帳人口移動報告

図１-４　※日本人異動者数のみ（市内移動は除く）

の人口が多いのが特徴であることは、すでに述べました。市の人口の5％程度を占める団塊の世代が高齢者の仲間入りをするなどしたことから、さいたま市の高齢化は今後、他の都市と比べて急速に進んでいきます。

急激に進む高齢化の課題

2019（平成31）年には、後期高齢者（75歳以上）の人口が前期高齢者（65～74歳）の人口を上回ることが予想されています。では、それによってどんな影響があるのか考えていきます。

さいたま市の要支援・要介護認定を受ける方の割合（認定率）は、75歳以上で大幅に増加します。特に女性の認定率は75歳以上で伸びが大きくなり、90歳以上では8割弱となっています。すでに述べたように、さいたま市は団塊の世代の人口分布が大きく、この世代が後期高齢者の仲間入りをする2025（平成37）年以降には医療介護サービスが大きく膨らむことが予想されます。

10年前は、15～64歳までの生産年齢人口世代5・5人で、65歳以上の高齢者1人を支えていましたが、10年後には2・5人で支えるようになります。
「2025年問題」は、私たちにとっても決して他人事ではないのです。

さいたま市は、生産年齢人口の割合が現時点では全国平均を上回っていると述べました。第2次ベビーブームに当たる団塊ジュニア世代、現在30～40歳代の働き盛りにあるみなさんが多いからです。

ここで考えてみましょう。団塊ジュニア世代のみなさんもやがては年老いて、介護が必要になるでしょう。この世代の介護ニーズがピークを迎えるのは、今から25～35年後です。そして、その頃には、支える側である生産年齢人口は今よりもさらに少なくなっていることが予想されます。

さいたま市はすでに超高齢社会を迎えています。このまま何の対策も講じなければ大変な事態になることははっきりしています。しかも、問題が深刻化してからでは、解決への労力もコストも莫大になってしまいます。

しかし、高齢化は予測できる問題です。ですから、私たちはこれまでも将来を見通して対策を講じてきましたし、これからもしっかりと取り組んでいきます。

特に、私は高齢化対策をまちづくりに生かそうと、積極的な政策として推進してきました。高齢化は単に人口構造が変化するだけではなく、生活基盤のあり方や産業構造、ひいては都市の存亡にもかかわる問題です。その対策では、医療・福祉分野だけではなく、教育、都市計画、産業政策など総合的なまちづくりを考えなくてはなりません。そのことを、みなさんに知っていただきたいと思います。

政令市トップクラスの健全な財政。将来は厳しい財政運営

自治体の収入（歳入）は、国や県に依存しないで自主的に収入できる「自主財源」と、市債や地方交付税など自主的に収入できない「依存財源」に分類されます。つまり、自主財源である市税などが多いほど、私たちは自主的な財政運営ができることになるわけです。

さいたま市の収入の約半分を市税が占めています。市税は平成20年度までは増加傾向でしたが、平成21年度に景気悪化などの影響で減少し、以降は低調に推移していま

■市債残高と借入額の推移　※H27・28は見込み

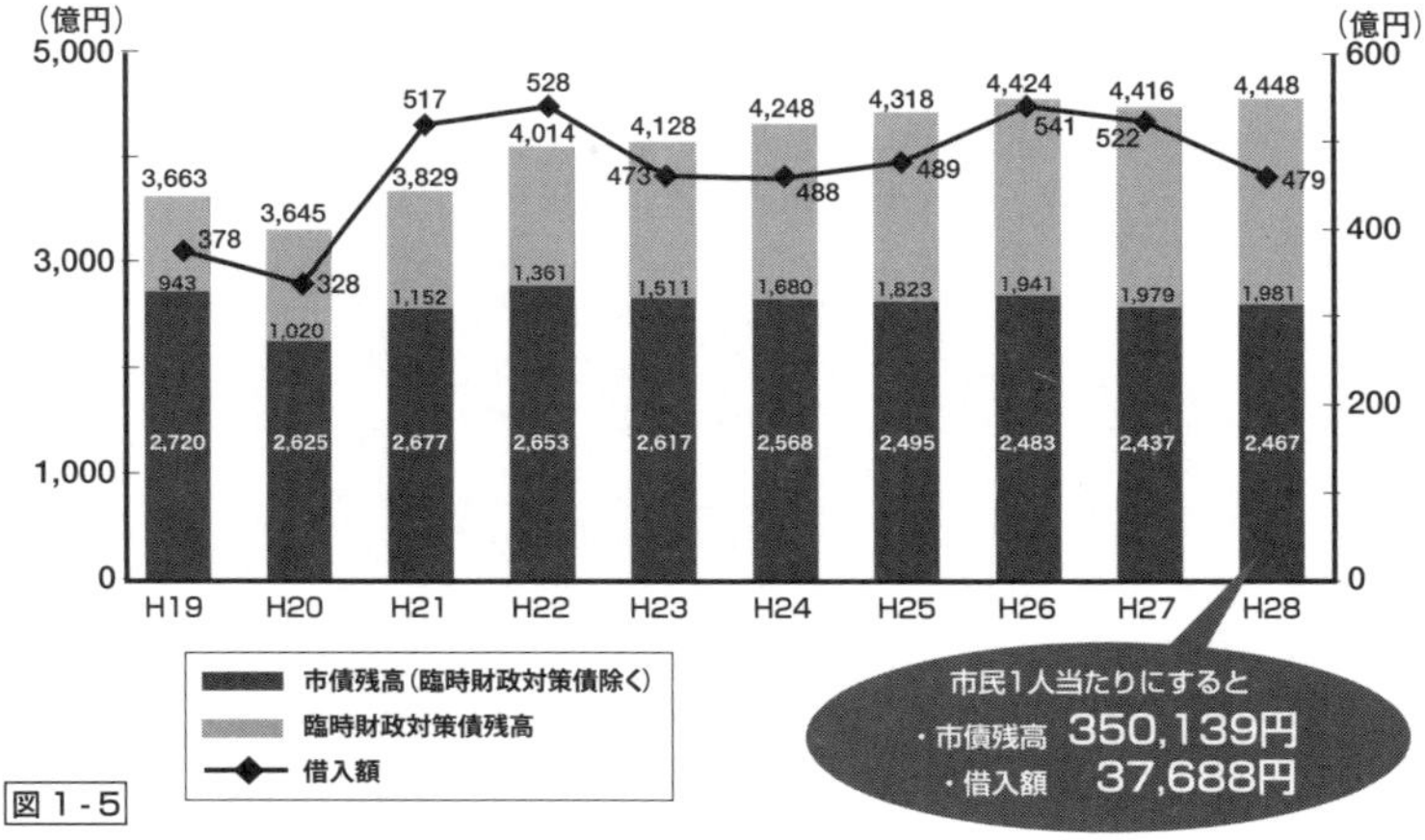

図1-5

■政令指定都市の市債残高の比較 (H26:普通会計)

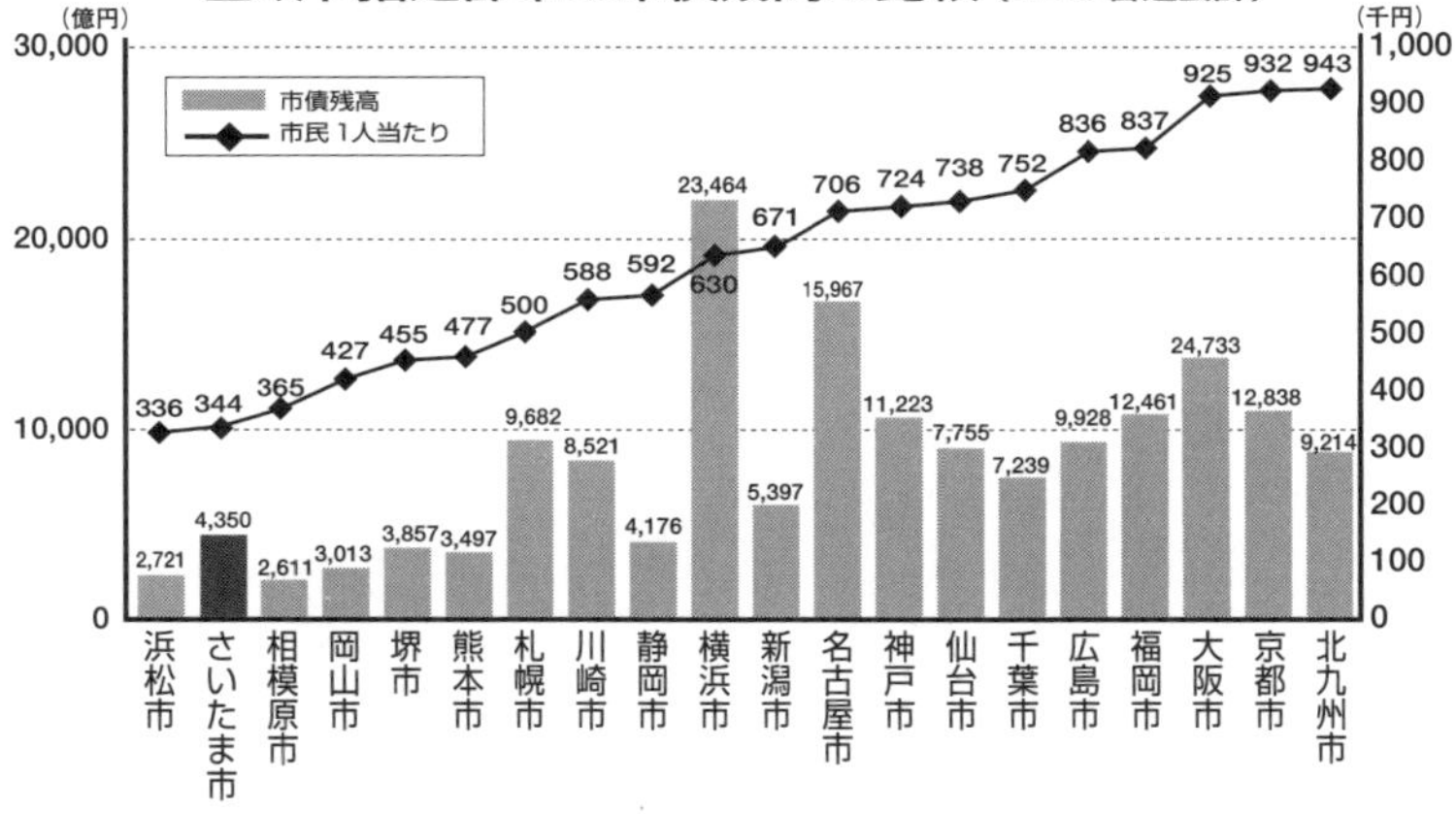

図１-６

市民１人当たりの残高でみると、さいたま市は政令指定都市の中で２番目に少ない

した。しかし、平成28年度は納税義務者数の増加や景気の回復などに伴いさいたま市誕生以来最高の収入になる見込みです。

また、さいたま市が借りているお金（市債残高）は４４４８億円（平成28年度末一般会計残高見込み）で、市民１人当たりに換算すると35万１３９円です。全国の政令指定都市の市債残高を比較すると、さいたま市は市民１人当たりの残高が二番目（平成26年度普通会計決算）に少なく、これまで市債残高の抑制を意識した財政運営を行ってきたといえます。

自治体の財政健全化を促す「地方公共団体の財政の健全化に関する法律」は、自治体の財政状況を客観的に表すものとして４つの財政指標「健全化判断比率」を定め、自治体にその算出と公開を義務付けています。

平成26年度決算に基づいて算出したさいたま市の健全化判断比率は、国が定めた基準をすべて下回っており、財政は健全といえます。例えば、実質公債比率（財政規模に対する1年間に支払った借入金返済額などの割合）は政令指定都市の中で2位、将来負担比率（財政規模に対する将来さいたま市が支払う借入金返済額などの割合）は同じく3位です。さいたま市は政令指定都市の中でトップクラスの財政の健全性を維持しています。

しかし、これから先はどうでしょうか。

さいたま市の人口は緩やかですが、しばらくは増加傾向が続くと予想されます。このことから、転入などによる納税義務者の増加、家屋の新増改築などによる固定資産税の増収などが見込めます。しかし、支出では介護や医療、福祉などの費用はすでに増加傾向にあり、今後ますます増大することはすでに指摘しました。生活保護、医療費の助成など福祉や保健・医療にかかる経費「扶助費」は平成27年度決算で１１１２億３３００万円で、歳出の約25％を占めています。平成19年度決算の扶助費は５４１億６３２２万円ですから、８年間で2倍以上に増加しています。

２０１５（平成27）年9月に公表した、さいたま市の中期財政収支見通しでは社会保障関連経費などの増大により、平成31年度までに約２０５８億円の財源不足が見込まれ、厳しい財政運営が想定されています。

さいたま市の人口は2025（平成37）年をピークに減少に転じることが見込まれており、人口減少社会と急速な少子・高齢化が同時に進行します。先述したように、10年前は高齢者1人を生産年齢人口世代5・5人で支えていましたが、10年後には2・5人で支えるようになりますから、収入は大幅に減少し、一方で支出は急激に増加していくことになります。

では、どうしたらいいのでしょうか。繰り返しになりますが、高齢化は予測できる問題です。私はこれまでにどんな対策を講じてきたか、そして今後どのような政策を進めるかが、さいたま市の未来のあり方を左右する大きなカギだと考えています。

もう一つの高齢化。公共施設の老朽化問題

さいたま市は4つの市が合併しました。市内には学校や区役所、道路や公園、上下水道など生活に欠かせない公共施設がたくさんあり、その数は約1700施設です。中でも、旧4市が持っていたホールや公民館、コミュニティセンター、体育館が多い

のが特徴です。建物についてみると、床面積の合計は約２６０万平方メートルで、東京ドーム55個分以上の規模です。その半分以上が子どもたちが通う学校などの教育関連施設です。

これらの多くは昭和40～50年代にかけて整備されたもので、半分以上が旧耐震基準の施設です。さらに築後30年以上が経過しており、老朽化も大きな問題です。一般的に鉄筋コンクリート造の建物は築30年程度で大規模改修が、築60年程度で建て替えが必要になります。さいたま市の場合、老朽化が目立つのは学校などの教育施設や市営住宅、道路や橋などです。

財政が厳しさを増していく中で、公共施設の大規模改修や建て替えの巨大な波が押し寄せることが見込まれています。

では、これらの公共施設を改修、建て替えなどするために、今後どの程度のコストが必要なのでしょうか。現在の規模のまま改修、建て替えるとした場合、今後40年間で約２兆７８７０億円にもなり、平均すると年に約６７６億円です。

私たちはこうした費用を平準化、平らに均すことで総額を抑えるよう努力をしていますが、問題は財源の確保です。国や県の補助金、市債などの特定財源で賄える分を除いた部分は、市民のみなさんからお預かりしている市税などの一般財源として確保しなければなりません。その額を試算すると、40年間で約1兆1300億円にもなり、年平均で283億円の負担になります。

平成23年度は改修や建て替えのために128億円を使いました。試算された平均額は、この2・2倍です。仮に平成23年度と同じ額（128億円）で40年間推移した場合は、既存施設の45％しか改修、建て替えができない計算です。

今までと同じように「壊れたら直す」を続けようとすれば予算が足らず、施設の崩壊につながります。とはいえ、借金してすべての施設を維持すれば、さいたま市の財政全体が破綻します。ましてや、無計画に新しい施設をつくれば維持できない施設がさらに増えてしまいます。

私は、既存の公共施設のすべてを現状のまま維持するのは難しいと考えています。優先順位をつけて「選択と集中」によって施設を有効に活用することが必要です。行政サービス需要の変化、公共施設の全市的な立地バランス、それぞれの施設の機能な

■さいたま市の公共施設の割合（延べ床面積）

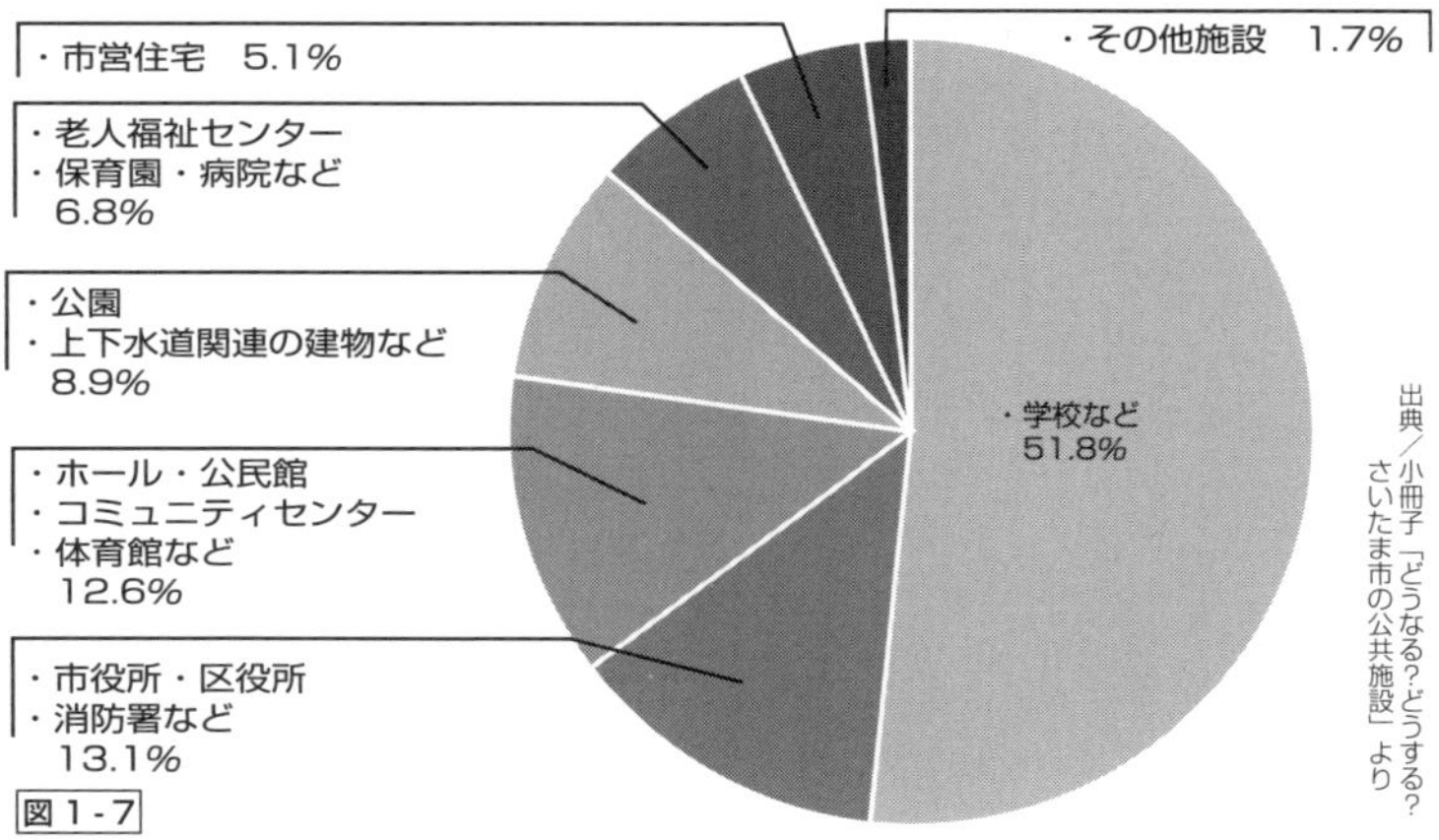

図１-７

■さいたま市の公共施設（現状）の改修・更新にかかる経費見込み（一般財源分）

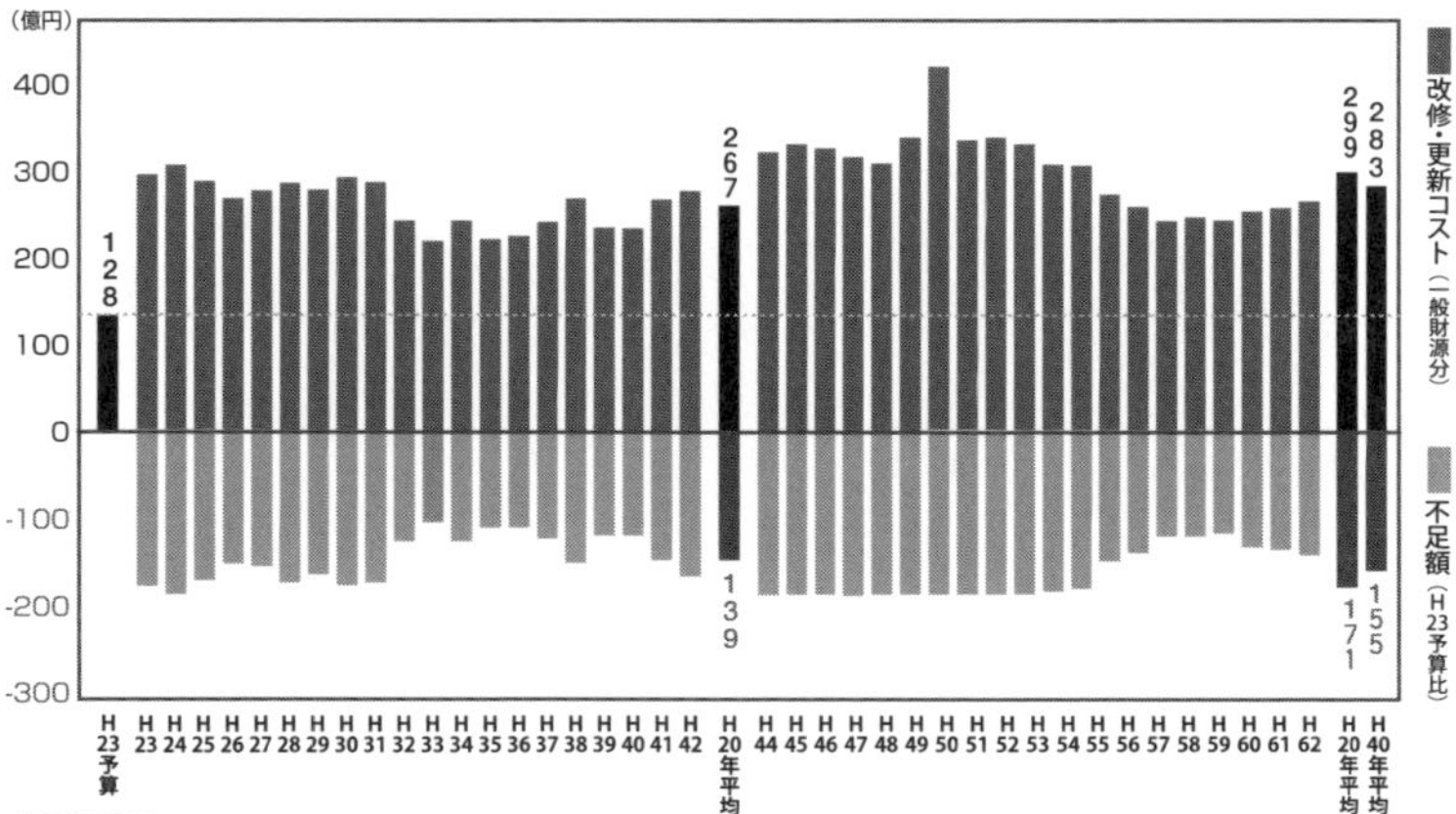

図１-８　出展：さいたま市公共施設マネジメント計画・第1次アクションプランより

どを踏まえて適切なマネジメントをしっかりと行う必要があります。

私たちはすでに「公共施設マネジメント計画」と「第1次アクションプラン」を策定して取り組みを進めています。これらは、これからの公共施設のあり方を、私たちと市民のみなさんが一緒に考えていくためのもので、大切な財産である公共施設を、みんなで少しずつ我慢し合い、できるだけの工夫をし、上手にやりくりしていこうという計画です。

影響を緩やかにするために

高齢化や財政悪化の波を止めることはなかなか難しいですが、影響を緩やかにすることはできます。

減少が見込まれる税収をできるだけ安定的に確保するためには、生産年齢人口世代と、年少人口世代を増やしていくことが必要です。

1人の女性が一生で産む子どもの平均数を示す合計特殊出生率をみると、全国平均では上昇傾向にありますが、さいたま市は2010（平成22）年以降ほぼ横ばいで、

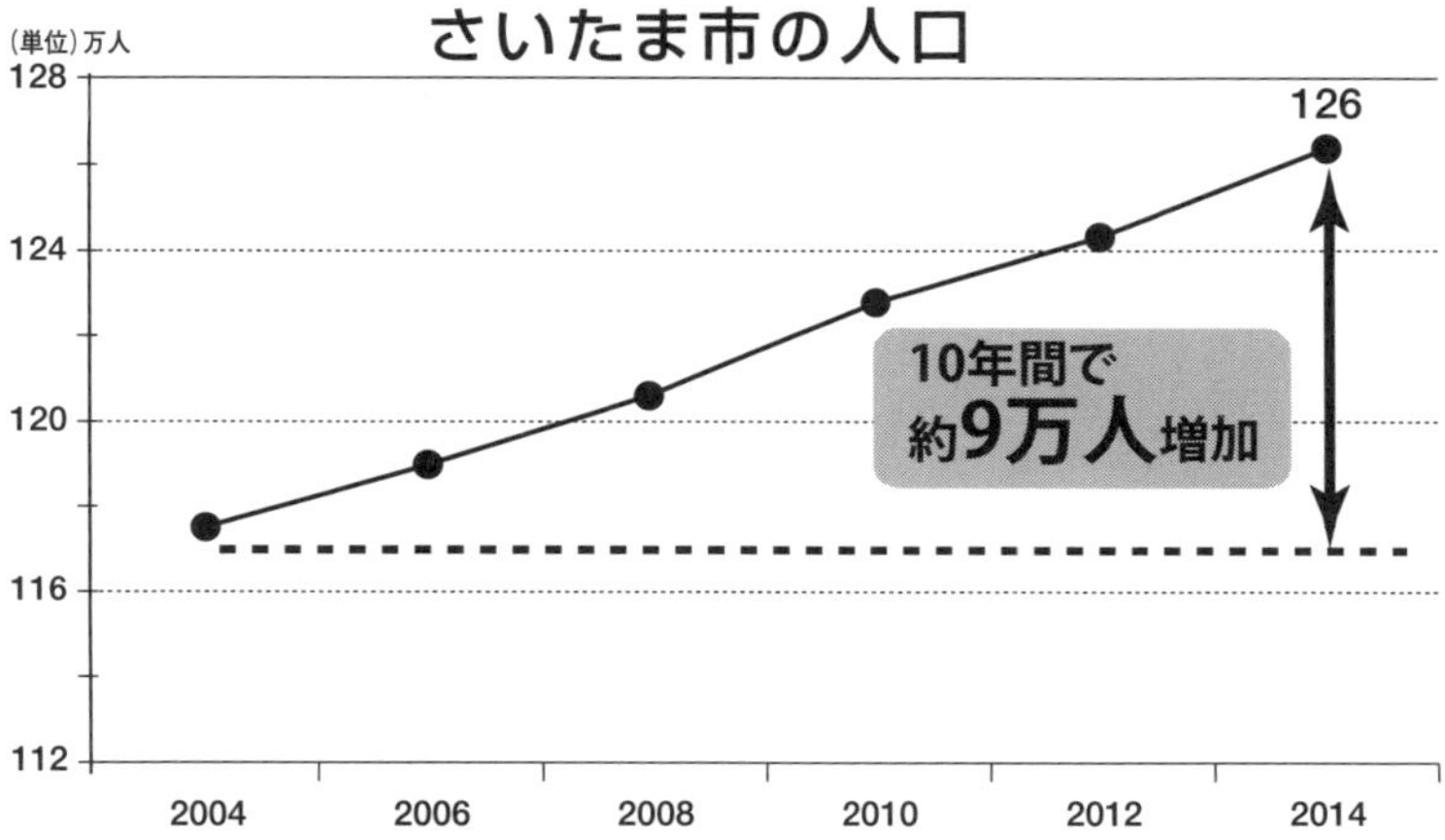

図１-９

国勢調査H22→H27比較　人口増加数　政令指定都市中3位

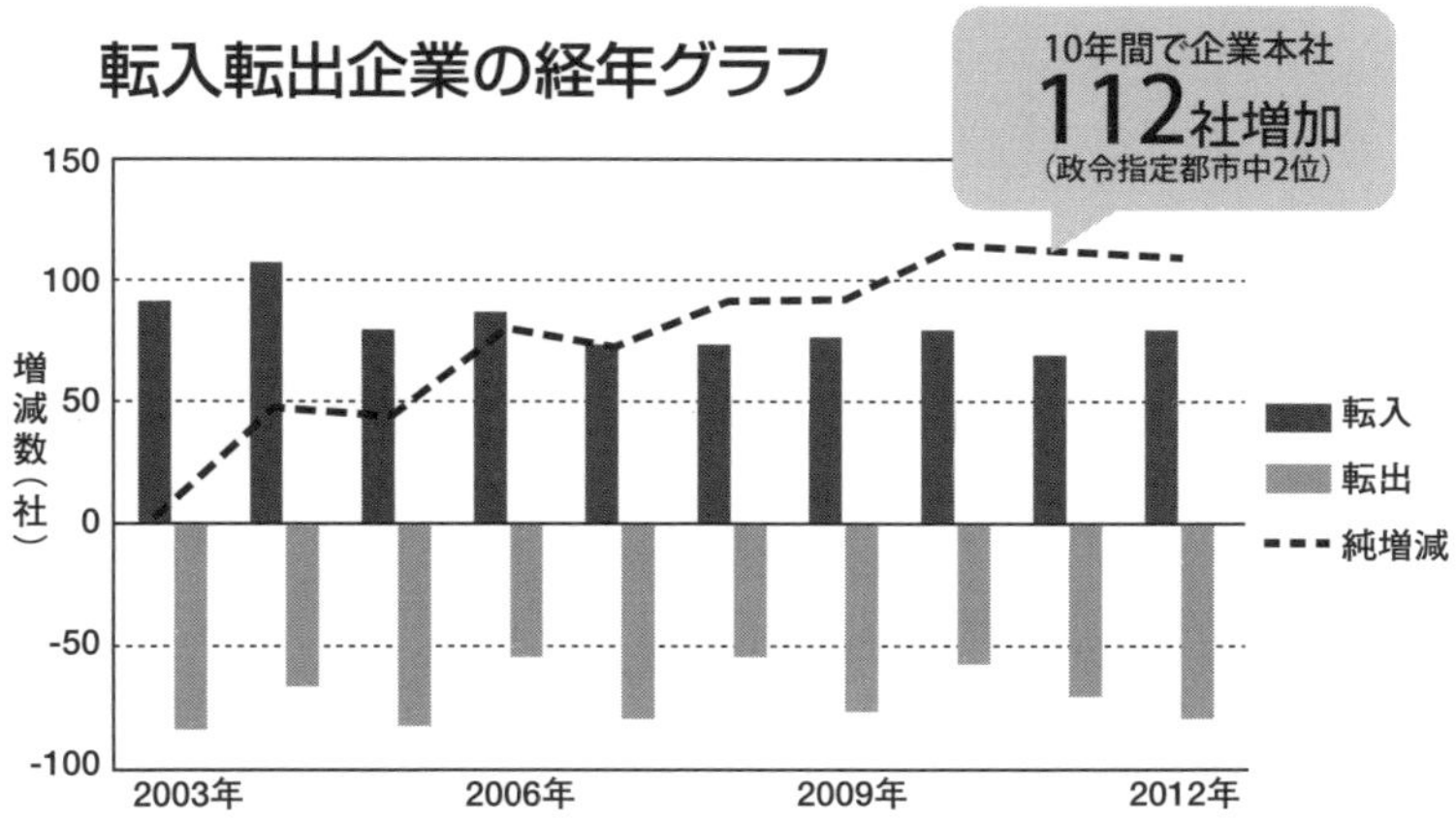

図1-10

（出典）帝国データバンク（2013年）
「さいたま市立地特性分析及び誘致対象地域現況調査等業務」

全国平均より低く推移しており、県平均に対しても下回っています。さいたま市は子どもを産みやすい、さいたま市で子どもを産みたいと感じていただける環境づくりを進め、子どもを産み、育てる人たちを増やしていくことが大切です。

また、企業にもさいたま市へ進出してもらうことです。さいたま市は東日本の交通の結節点で、交通アクセスの良さは抜群です。また、さいたま市は地盤が比較的強く、台風などの自然災害が少ないのも強みです。

２０１４（平成26）年の調査ではさいたま市内の事業所数は４万２４２９で、２年前の調査時から１７３７事業所が増加しています。従業員数は50万５６８０人で、２年で２万２０９２人増加しました。

東日本大震災以降、企業の間に大規模災害が起きた際の事業継続を視野に入れた事業拠点の再編の動きが広がっています。私たちはさいたま市の強みを最大限に生かして積極的な誘致活動を展開する必要があります。

そして、今後急激に進む高齢化に耐えられる社会の仕組み、高齢者のみなさんを地

健康で長生きできるさいたま市をつくりましょう

域で支える仕組みをさいたま市全体でつくり上げることです。

高齢化についてはすでに課題をいくつか指摘しましたが、加えて単身の高齢者世帯や高齢夫婦世帯の増加、核家族化の進展、自治会加入率の低下などによって、地域社会とのつながりが薄い人が増加している、という問題もあります。こうしたみなさんを支えるためにはコミュニティの再生、地域の絆の再生がどうしても必要です。

また、健康で長生きする人を増やすことも大切です。地域で暮らす住民のみなさんが互いに支え合い、助け合う関係をつくり上げて、いつまでも元気で健康に暮らし、いざという時には医療や介護サービスで対応する社会の仕組みづくりを進めなくてはなりません。

安心して暮らせる仕組みづくりは財政的な課題とのバランスも考慮して進める必要がありますから、なるべくコストをかけず進めることが大切です。まちづくりの主体は行政だけではありません。私は、市民のみなさんや地域団体、ＮＰＯ団体、そして企業や事業者のみなさんなども含めて、それぞれが社会の中で役割を果たすことで、まちづくりを進めたいと考えています。

第2章　子どもが輝く絆で結ばれたまち

1st stage

「変わる」期待、変わらない「理念」

初めての市長選挙。最終日の熱気と興奮を、今もはっきりと思い出します。降りしきる雨の中、たくさんの人が選挙打ち上げ式に集まってくれて、その熱気とエネルギーたるや凄まじいものでした。涙がこみ上げて、言葉ではうまく表現できない感動を味わいました。また、初登庁の日。職員、市民のみなさんに拍手で出迎えていただいたこと、そして、いただいた大きな花束を鮮明に記憶しています。

私が市長選挙で初当選したのは、2009（平成21）年5月のことです。その年の夏に行われた衆議院選挙では当時の民主党が第一党になり、政権が交代しました。思えば、さいたま市のみなさんだけでなく、国民の多くが「変わる」ことへ期待を寄せていたのだと思います。私は15万票を大きく上回る支持をいただきました。それは、さいたま市が「変わる」、あるいは「変えたい」という期待でした。

選挙では「さいたま市民しあわせ倍増計画」を公約に掲げて戦いました。後に「しあわせ倍増プラン２００９」として、さいたま市の計画に位置づけられるものです。このマニフェストが、これでならさいたま市は変われる、変わると評価され、支持されたのだと考えています。

私の政策、特に重要施策の原点には、私自身の経験があります。それは県議会議員時代から市長になった現在でも一貫している「徹底した現場主義」によるもので、市民のみなさんと一緒になって汗を流し、肌で感じてきた成果や効果に裏打ちされたものです。だからこそ、政策には強い信念を持っていますし、決して諦めず、粘り強く確実に進めることができるのです。

「変わる」ことを期待されて市長になって2期、8年目です。現在でも私の政策の基本理念は変わっていませんし、これからも決して変わることはありません。

3つの基本姿勢

市長就任後、私は現場主義を実践してタウンミーティングなどの場で、市民のみなさんとの対話を繰り返しました。その中で示したビジョンが「子どもが輝く絆で結ばれたまち」の実現です。

これはコミュニティの再生を目指したもので、家族（家庭）の絆、地域の絆、そして市民のみなさん全員の絆を深めて、絆で結ばれた「一つのさいたま市」をつくり未来を築こうというものです。

このビジョンと、選挙で掲げたマニフェスト「さいたま市民しあわせ倍増計画」を着実に実現するために策定したのが、先に述べた「しあわせ倍増プラン２００９」です。平成21年度から平成24年度までの４年間で重点的に取り組むべき施策を明らかにしたもので、その具体的な取り組みや指標、スケジュールなどを盛り込みました。しあわせ倍増プランは「２００９」をさらに進めた「２０１３」として、現在も継続して取り組んでいます。

このプランの推進や市政運営にあたって、私は「３つの基本姿勢」を掲げました。

１つ目は「責任と共感・共汗（きょうかん）」です。市民のみなさん、事業者のみなさん、行政の三者が自らの責任を果たし、地域やさいたま市が抱える課題を共に考え、

初登庁した日のことを今も忘れません

共に行動するという意味で、市民のみなさんと一緒に感じ、共に汗を流し、互いに支え合っていく姿勢を示したものです。厳しい財政状況を迎える中で、市民、事業者、行政が役割分担し、民間事業者にお任せしたほうが効率的、効果的なものはお願いし、市民のみなさんにも主体的に協力いただくことで、行政コストを抑えることができます。

2つ目は「徹底した現場主義」です。さまざまな課題は現場にあり、解決するためには現場で課題をしっかり把握しなければなりません。そして、解決策も現場から発見することができることを、私は自らの経験の中で学びました。だからこそ、市民のみなさんや現場の声を、私自身がしっかりと聞き、把握して市政に反映するという姿勢を明確に示しました。職員との車座集会、市民のみなさんとのタウンミーティング、現場訪問や学校訪問を繰り返すことで、旧市を超えて、市長の私を少しでも身近に感じてほしいとの思いもありました。

そして、3つ目が「公平・公正・開かれた市政」の実現です。これは地域に偏らない、しがらみのない市政の実現を目指す姿勢です。市民のみなさんの信頼を得るために公

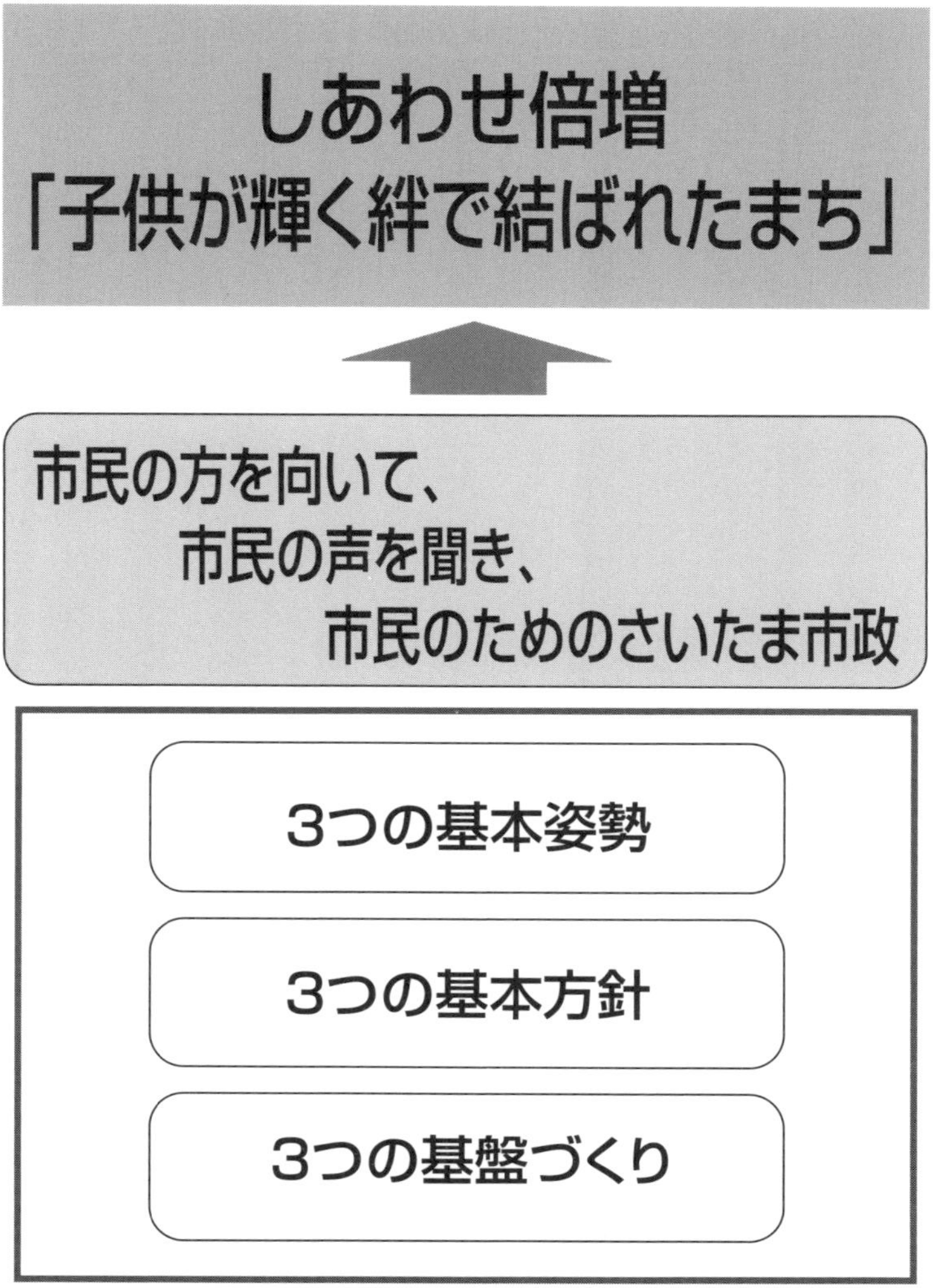
しあわせ倍増
「子供が輝く絆で結ばれたまち」
市民の方を向いて、
市民の声を聞き、
市民のためのさいたま市政
3つの基本姿勢
3つの基本方針
3つの基盤づくり

図２-１

平性や公正性は不可欠なものですから、徹底した情報公開によって、意思決定の過程を明らかにして、市民のみなさんから見えるようにする狙いがあります。

3つの基本方針

基本姿勢と合わせて、市政運営の基本的な考え方である「3つの基本方針」も定めました。これは、まちづくりにかける私の強い思いであり、私が舵をとって進んでいく方向性を示すものですから具体的に説明します。

■徹底した行財政改革と生産性の高い都市経営

当時は、2008（平成20）年に発生した世界的な金融危機リーマン・ショックの影響で厳しい経済情勢にありました。また、先に述べたように、さいたま市には少子化や高齢化による将来的な財政課題もあります。こうしたことから、私たちには行政の無駄をなくし、コストの縮減に取り組むとともに、常に費用対効果を考えた行財政運営が必要です。

私は、市長に就任して初めての予算編成となった平成22年度を「行財政改革元年」と位置づけて、思い切った姿勢で臨みました。すべての事務事業を見直したほか、予算編成の過程や事務事業ごとのコストを公表するなど「見える化」にも積極的に取り組みました。さいたま市が今後進むべき道筋となる基本方針を明確に示したもので、少ない予算で最大限の効果を上げる、私が標榜する「生産性の高い都市経営」の実質的なスタートでした。

また、市長直轄の行財政改革推進本部を新設。「行政改革」「無駄ゼロ改革」「民間力活用」の３つの作業チームを置いて徹底的な行財政改革に取り組みました。

■総合力と個性を大切にした全員参加の「一つのさいたま市づくり」

旧４市が合併したさいたま市は、文教都市、経済都市、商業都市、歴史と文化のまち、自然に恵まれた都市などさまざまな顔を持っています。旧４市に潜在するそれぞれの資源や特性を大切に生かし、さいたま市の個性や魅力としてさらに輝かせ、「一つのさいたま市」として総合力を高めていくことが必要です。

また、市民や事業者のみなさん、大学など全員に市政に参画していただき、協働を進めて「誇り」と「絆」で結ばれた「一つのさいたま市」をつくっていく方向性を示すものです。

市民のみなさんの参加を進めるため、タウンミーティングなどを積み重ねて市民のみなさんとの対話を大切にしてきました。また、市政の最前線である区役所などのあり方についても検討を重ね、市民ニーズに対して迅速、柔軟に対応できるよう窓口業務などの改善を進めています。

■さいたま市民しあわせ倍増計画

「さいたま市民しあわせ倍増計画」は、私が選挙公約として掲げた政治家としての最も重要な政策であり、決して変わることのない基本となる方針です。

しあわせとは何でしょうか。思えば、人は経済的な豊かさ、物質的な豊かさだけでしあわせを実感できるわけではありません。人から喜ばれ、信頼されること。そして、人を信頼できることが絆です。その喜びこそが、人が生きる誇りですし、人はそこに

■3つの基盤づくり

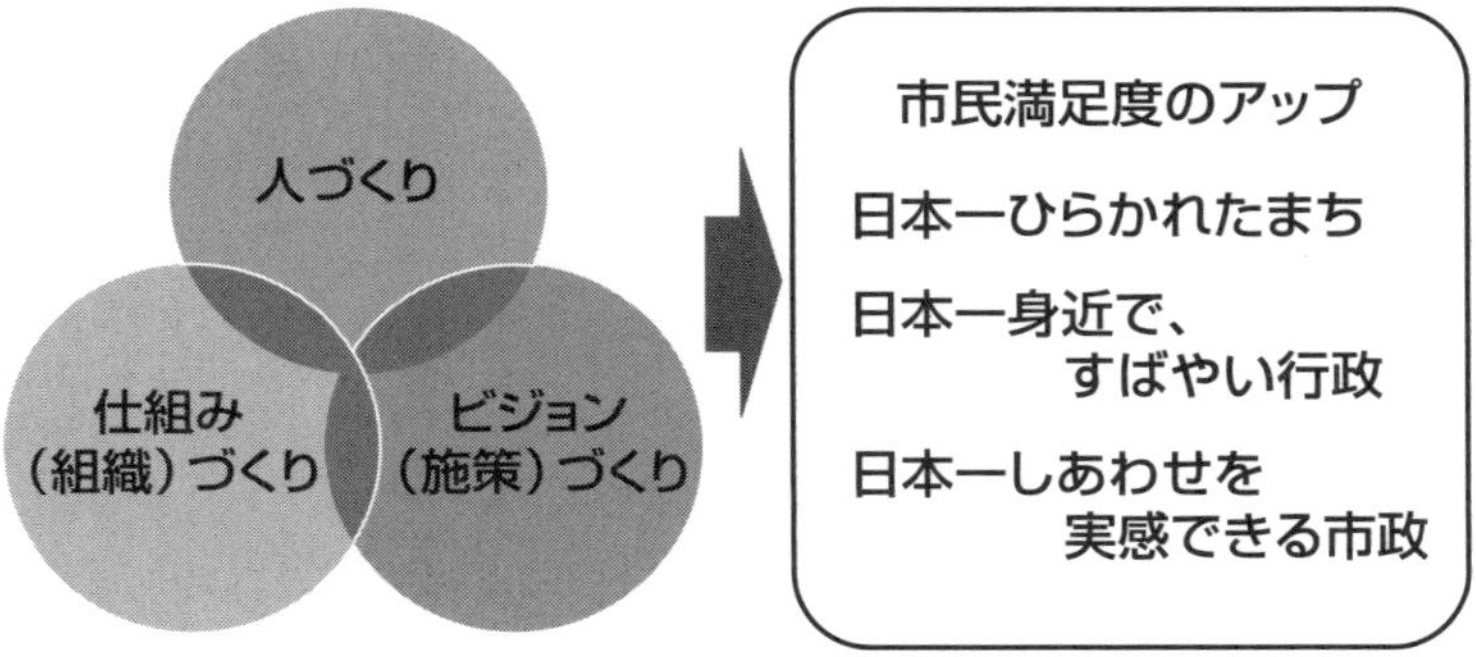

図2-2

■人づくり（意識改革）

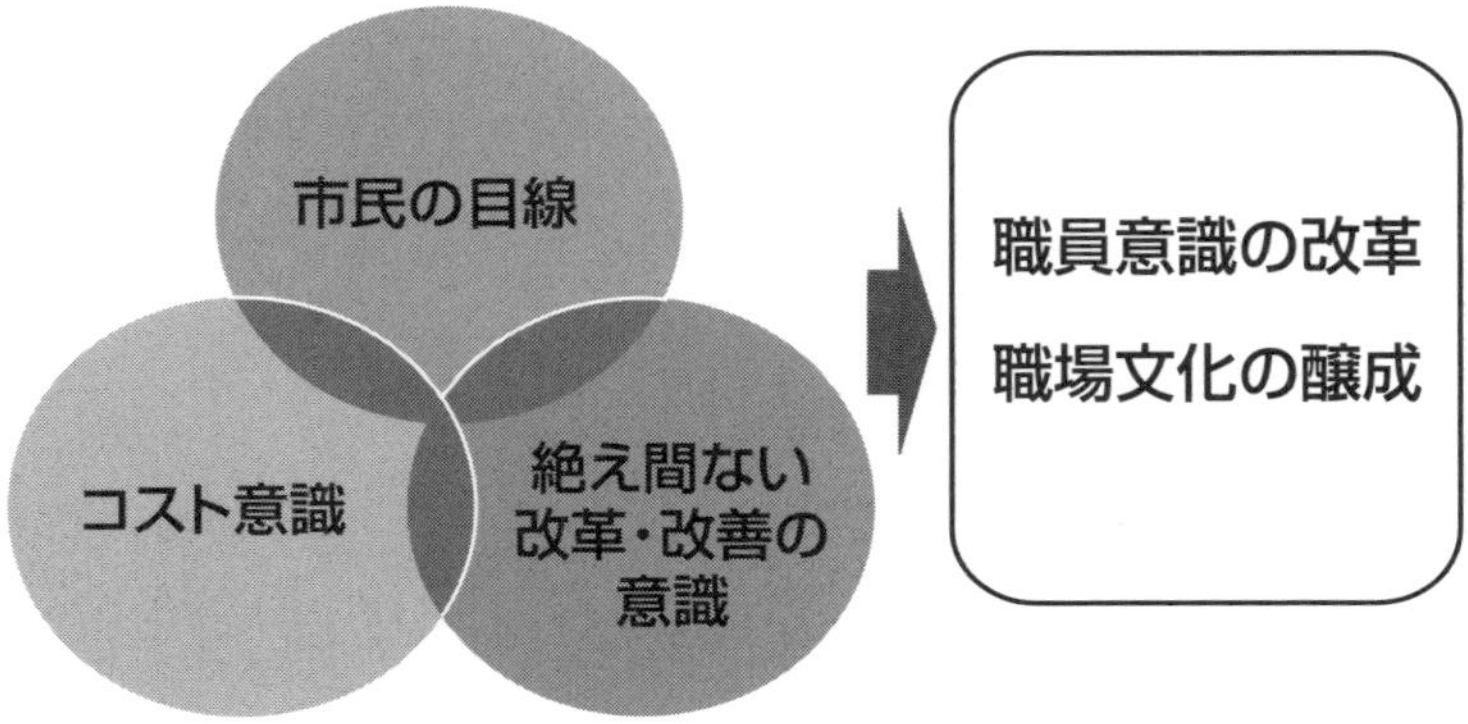

図2-3

しあわせを実感するのだと思います。

この「さいたま市民しあわせ倍増計画」を基本に「しあわせ倍増プラン2009」を策定したことはすでに述べました。詳しくは後述するとして、この「しあわせ倍増プラン」に掲げた施策はどれも緊急性、重要性が高く、その推進を市政運営の最優先事項に位置づけて取り組みました。夢、健康・長寿、安心・安全、環境、経済・雇用をキーワードに市民のみなさん一人一人が絆で結ばれた、しあわせを実感できるさいたま市をつくっていかなければなりません。

3つの基盤づくり

3つの基本姿勢と3つの基本方針のもとで、「3つの基盤づくり」として人づくり、ビジョン（施策）づくり、仕組み（組織）づくりを進めました。これは市政改革を進めていくための具体的な取り組みです。目指すのは市民満足度の向上。「日本一ひらかれたまち」「日本一身近で、すばやい行政」「日本一しあわせを実感できる市政」を実現する道筋を示すものです。

■ビジョンづくり＝しあわせ倍増プラン２００９

平成21年度から平成24年度までの４年間に取り組む重点施策を明らかにしたもので、その取り組み内容や指標、スケジュールなどを示しています。具体的には、５つの行動宣言と7つの条例宣言、「行財政改革」「市民・自治」「子ども」「高齢者」「健康・安全・安心」「環境・まちづくり」「経済・雇用」「地域間対立を越えて」の８つの分野１３９の個別事業で構成しました。

その中から5つの行動宣言と8つの分野の事業について紹介します。しあわせ倍増プランはその進捗状況や成果を客観的に検証するために、市民評価委員会を設置して外部評価を実施しています。成果については後述しますが、「２００９」も高い評価をいただきました。

〈5つの行動宣言〉

▽マニフェスト検証大会を毎年開催
▽タウンミーティングを全10区で計40回開催
▽現場訪問を４００回実施

▽学校訪問を全校実施
▽職員との車座集会を100回開催

〈8つの分野と事業〉

8つの分野の中からいくつかを紹介しましょう。まず「子ども」の分野では、子どもたちの好奇心を伸ばすためにスポーツ選手やアーティストを招き授業を行う「未来る先生ふれ愛授業」の全校実施、チャレンジスクールの全小中学校での実施、保育所の整備など。「高齢者」の分野では、配食サービスの拡充、介護者サロン・高齢者サロンの設置拡大など。「健康・安全・安心」の分野では、健康寿命の延伸、スポーツ多目的広場の設置拡大、総合防災システムの構築、都市公園・下水道の充実、学校・保育園の芝生化、スポーツコミッションの創設など。それぞれの分野で具体的な事業をいつまでにどれだけ実行するかを分りやすくし、計画を策定しました。

■ビジョンづくり＝行財政改革推進プラン2010

「さいたま市行財政改革推進プラン2010」は、「しあわせ倍増プラン2009」

おはようございます！　元気に挨拶します

の実現を支えるもので、3つの視点から策定しました。行政情報の「見える化」を推進し、市民のみなさんへ開かれた行政をつくる視点。そして、財源の確保について、単に無駄を削減するのではなく、行政サービスをいかに向上させるかという視点。さらに、これらに推進するための組織や人の改革という視点です。

計画期間を平成22年度から平成24年度として、「見える改革」「生む改革」「人の改革」の3つの基本目標を定め、それぞれに具体的な目標や指標を設定しました。また、計画された192の改革プログラム事業についても、事業ごとに工程や成果指標などを設定しました。

これらについては毎年度、内部評価を行うとともに、行財政改革市民モニターのみなさんや行財政改革有識者会議委員のみなさんからご意見をいただく外部評価を実施しています。さらに、こうしたプランの進行状況を「行財政改革白書」として毎年度公表しています。

「さいたま市行財政改革推進プラン2010」は、計画期間を平成25年度から平成28年度とする「さいたま市行財政改革推進プラン2013」として継続して取り組んでいます。行財政改革をはじめとする行政のすべての取り組みは、単に実施するだけでなく、行政サービスを市民生活の向上へいかに結びつけ、市民のみなさんに「しあわせを実感」していただけるかが重要です。これまで以上に「市民目線」を大切にして、行財政改革に取り組みます。

■ビジョンづくり＝外郭団体改革プラン

さいたま市の外郭団体は、さいたま市の施策目的を実現するために「市を補完する団体」として設置されており、「民間にはできない」公共サービスをさいたま市と連携して担い、その役割を果たしています。一方、指定管理者制度などによって民間事業者のみなさんが参入できる分野が増えています。

外郭団体改革プランは、公益的な役割とは何か、市民のみなさんが外郭団体へ期待する公共サービスとは何かを改めて見つめ直し、役割や事業をゼロベースで見直すものです。平成21年度から平成24年度を計画期間として、団体の廃止や統廃合などの抜本的改革によって、改革前の団体数の４分の１以上を削減しました。

２０１４（平成26）年２月には、平成25年度から平成28年度までを取り組み期間とする「さいたま市外郭団体の更なる健全運営に関する指針」を策定しました。

これは、それぞれの外郭団体が健全な運営を堅持し、持続することを目的とするものです。これまでの経験とノウハウを生かして、民間を超える質の高いサービスを効率的に提供していただきたいと考えています。

■仕組みづくり=行財政改革推進本部

さまざまな改革を進めていくための組織や仕組みをつくることです。まず、行財政改革推進本部を新設し、私が直接指揮をとる市長直轄としました。行財政改革推進本部には「行政改革」「無駄ゼロ改革」「民間力活用」の3つの作業チームを置いたほか、行財政改革有識者会議などのアドバイザー機関も設置して、徹底的な行財政改革に取り組みました。

行財政改革推進本部の設置によって、例えば公民連携の取り組みが本格化しました。全庁横断的な動きができる環境を整えたからです。公民のマッチングは、公共施設の整備や増改築などのハード事業ばかりではなく、施設の運営や広報事業などのソフトの分野まで幅広いものです。関係する民間事業者のみなさんも多く、建設業や広告代理業、NPO法人などさまざまな業種との連携が進みました。

行財政改革推進本部はその後に組織変更しながら、公民連携の動きをさらに充実させ、2015(平成27)年には、日経BP総合研究所が運営するインターネットサイト「新・公民連携最前線」が実施した「公民連携に関する動向調査」で最高級の「AAA」に格付けされ、偏差値で96・51と全国1位になりました。

■仕組みづくり=区役所改革

私がさいたま市のまちづくりについて、着目してきた課題の1つに「区役所のあり方」があります。区役所は、市民のみなさんにとって最も身近であるべき機関で、さいたま市と市民のみなさんを結ぶ市政の最前線です。そうした意味で、区役所に対する市民のみなさんの評価がさいたま市全体の評価、市民満足度の向上に結びつくと考えています。

そこで、「くらし応援室」を各区役所へ設置しました。市民のみなさんは、抱える問題を解決しようと区役所を訪れます。どの部署で、どのように相談すればいいのか分からない方もいらっしゃるでしょう。相談事をたらい回しにせず、しっかりと受け止めて担当部局、ときには外部機関などと連絡調整を行い、できるだけ迅速な解決に努めています。

目指すのは、市民ニーズに迅速、柔軟に対応できる区役所です。このほかにも窓口業務の改善、区長への権限移譲、「区長マニフェスト」の策定などへ積極的に取り組んでいます。

■仕組みづくり＝7つのプロジェクトチーム

私の公約である「さいたま市民しあわせ倍増計画」。それを基礎にさいたま市の計画として位置づけた「しあわせ倍増プラン2009」に盛り込んだ施策の中には、特に複数の部局が密接に連携して取り組む必要のあるものが少なくありません。そこで、部局を横断して取り組む「7つのプロジェクトチーム」を設置しました。

○区役所あり方見直しプロジェクトチーム。区役所窓口の改善、区長への権限移譲などを検討します。

○多目的広場倍増プロジェクトチーム。遊休地などを活用した、スポーツもできる多目的広場を増やします。

○自立生活支援対策プロジェクトチーム。ワーキングプアを増やさない対策を講じます。

○雇用倍増プロジェクトチーム。介護、福祉、医療、教育、環境、農業などの雇用を増やします。

○みどり倍増プロジェクトチーム。公園、市有地、校庭などの芝生化、緑のカーテン事業などで身近な緑を増やします。

○市民の憩える場所づくりプロジェクトチーム。見沼田んぼ、荒川などの自然環境、歴史的遺産を保全・活用し、教育ファーム、市民農園など市民が憩える場所を増やします。

○大学コンソーシアムプロジェクトチーム。大学の人材、施設、ノウハウを福祉、教育、経済などの分野に活用します。

■人づくり＝市民目線、コスト意識、絶え間ない改革・改善の意識

仕組みづくりの中で、最も重要なポイントです。私は特に新規採用した職員へ、こう尋ねます。

「あなたは100年後のさいたま市をどんなまちにしたいですか」

改革を進めていく上で肝心なことは、市民のみなさんへ行政サービスを提供する職員の意識改革です。私が学んだ松下政経塾を設立した、現パナソニックの創業者である故・松下幸之助氏は、「松下電器は人をつくる会社だ」とおっしゃいました。私たちも、市民のみなさんへ「しあわせを提供する人材」を育てなければなりません。

そのためには、市民のみなさんと同じ目線を大切にし、コスト意識を持って、絶え間なく改革と改善を続ける意識を職員に醸成し、職員の手で職場文化として根づかせることが必要です。

意識改革の仕組みとして、一職員一改革・改善運動、人事評価、給与評価の改定、民間人の登用、外郭団体への自動的な天下りの禁止、庁内公募制の導入などに取り組みました。

中でも、私が大切にしたのは現場訪問や車座集会です。職員と顔を合わせて意見を聴く機会は大変に貴重ですし、自らの言葉を直接届けて理解を求めることを重要だと考えているからです。

絆のまちづくりの成果（しあわせ倍増プラン２００９）

初めて市長の椅子に座った4年間で、私はどれほどの「しあわせ」を達成できたのでしょうか。「しあわせ倍増プラン」の進捗状況や成果を客観的に検証するため、市民評価委員会による外部評価を毎年度実施していることはすでに述べました。

計画の最終年度（平成24年度）については単年度評価を行わず、４年間の達成状況を内部評価し、２０１３（平成25）年6月に「しあわせ倍増プラン２００９達成状況報告書」をまとめ、公表しました。

「しあわせ倍増プラン２００９」には１３９の事業が掲げられました。評価は同一の目標を設定していた2事業を１事業として扱い、全１３８事業を対象に実施しました。これによれば、４年間の数値目標などに対する達成度は、22事業が「目標を上回って達成」、91事業が「目標をおおむね達成」、10事業が「時期の遅れはあるが目標をおおむね達成」で、15事業が「目標を未達成」となりました。

「目標を上回って達成」「目標をおおむね達成」「時期の遅れはあるが目標をおおむね達

成」を合計した、いわゆる「目標を達成」した事業数は123事業（89・1％）で、全体の約9割を占める結果となりました。

次に、先述した行動宣言と条例宣言についての達成状況を紹介しましょう。

〈5つの行動宣言〉

○市民評価委員会を設置。平成22年度から市民参加による検証大会を開催

○タウンミーティングを全10区で計81回開催

○現場訪問を438回実施

○学校訪問を167校で実施

○職員との車座集会を101回開催

〈7つの条例宣言〉

○多選自粛条例の制定＝2009（平成21）年6月議会に条例案を提出したが、継続審議となり、同年9月議会で否決。

○2010（平成22）年3月、「さいたま市スポーツ振興まちづくり条例」制定。

同年7月「さいたま市スポーツ振興まちづくり計画」策定。
○２０１１（平成23）年3月、「さいたま市誰もが共に暮らすための障害者の権利の擁護等に関する条例（ノーマライゼーション条例）」制定。２０１２（平成24）年3月、「さいたま市障害者総合支援計画」策定。
○一人一人の子どもが輝くための「子ども総合条例」の制定＝２０１１（平成23）年10月、「さいたまキッズなＣｉｔｙ大会宣言」策定
○２０１１（平成23）年12月、「さいたま市文化芸術都市創造条例」制定
○「自治基本条例」を市民参画で制定＝時間をかけて気運の醸成を図ることが必要であることから条例案の提出に至らず
○２０１２（平成24）年3月、「さいたま市誰もが安心して長生きできるまちづくり条例」制定

絆のまちづくりの成果（行財政改革推進プラン）

「さいたま市行財政改革推進プラン２０１０」は「見える改革」「生む改革」「人の改革」

を3つの基本目標として、192の改革プログラム事業に取り組みました。計画年度は平成22年度から平成24年度までの3年間で、行財政改革市民モニターや行財政改革有識者会議の委員のみなさんによる外部評価を実施し、「行財政改革白書」として毎年度公表していることはすでに述べました。

プランの計画期間が終了したことを受けて、3年間の達成度について内部評価を確定した「行財政改革推進プラン2010達成状況報告書」を、2013（平成25）年6月にまとめました。

全体の評価をみると、192事業のうち16事業が「計画を上回って達成」、140事業が「計画をおおむね達成」、16事業が「時期の遅れはあるが計画をおおむね達成」、20事業が「計画を未達成」となりました。「計画を上回って達成」「計画をおおむね達成」「時期の遅れはあるが計画をおおむね達成」を合わせた「目標を達成」した事業数は172事業（89・6%）に及び、全体の約9割を占める結果です。

では、「見える改革」「生む改革」「人の改革」の3つの基本目標別の評価はどうでしょうか。

■しあわせ倍増プラン2009の達成度

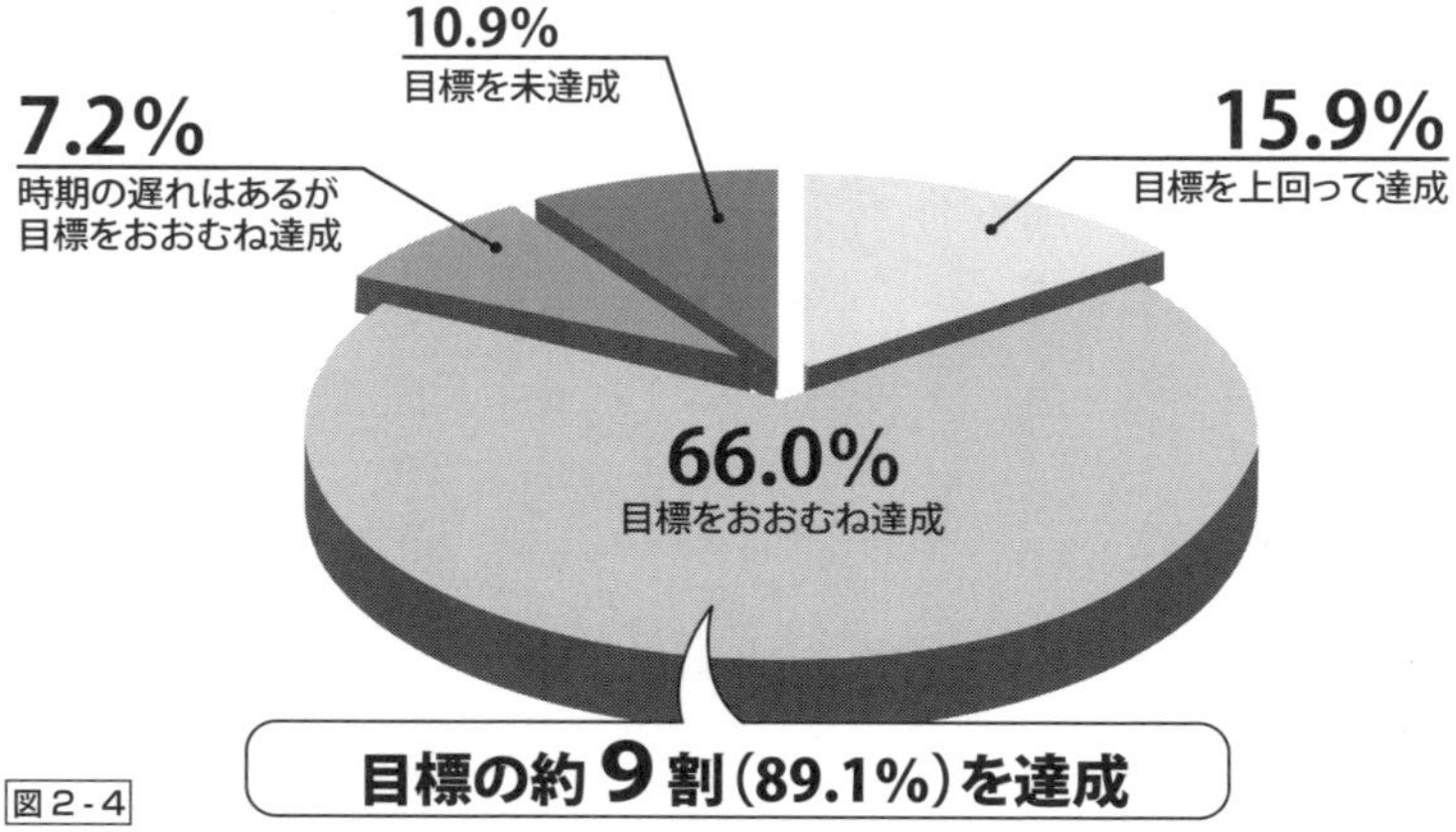

図2-4

■さいたま市行財政改革推進プラン2010の達成度

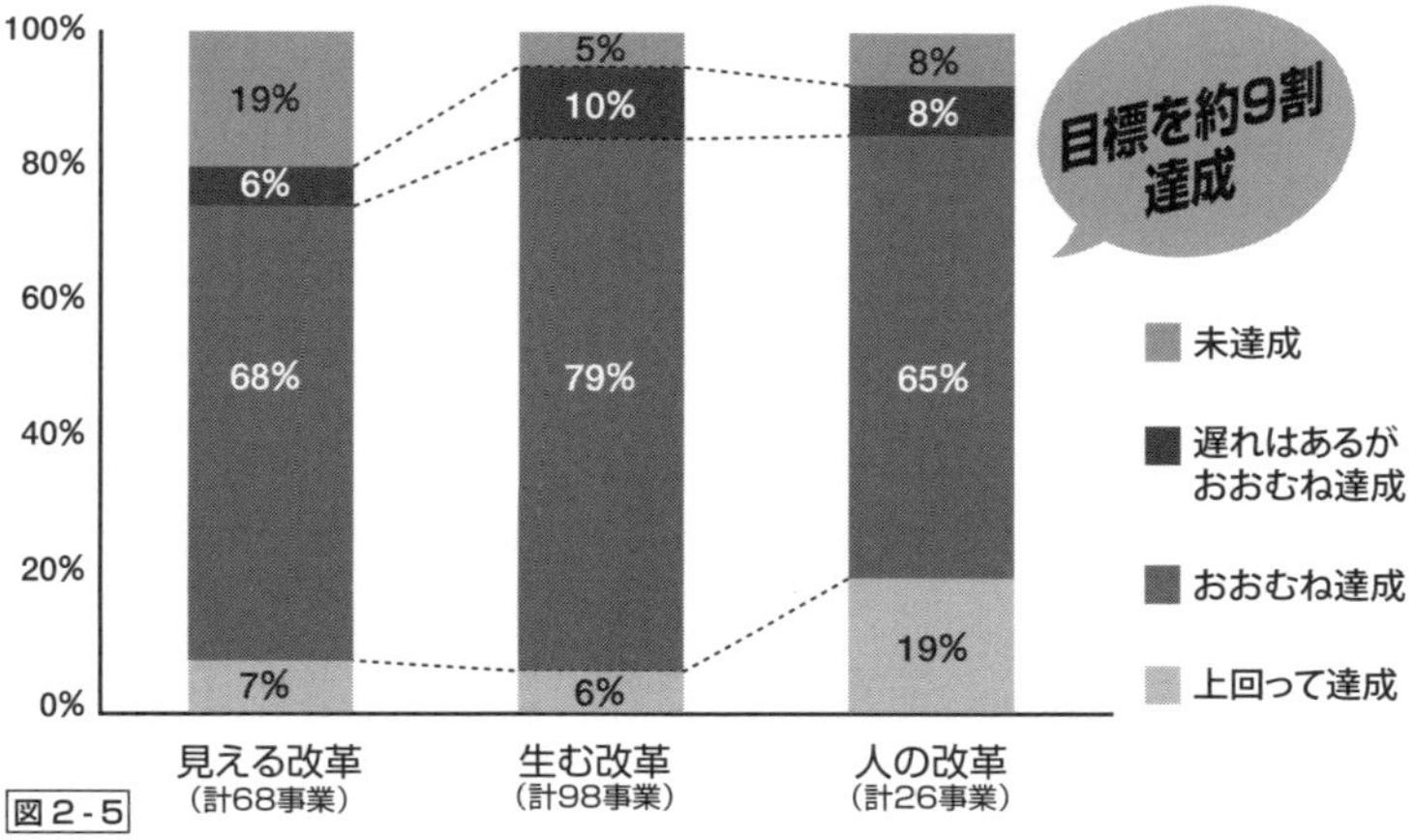

図2-5

「生む改革」と「人の改革」の達成度がそれぞれ9割を超えました。特に「人の改革」では、「計画を上回って達成」した事業が19％を占め、一職員一改善提案制度や若手プロジェクトチームによる政策立案・実施など「職員の意識改革に資する事業」の達成度が高い結果でした。

一方、「見える改革」では「計画を未達成」の事業が19％を占める結果で、工程に遅れが生じたのが要因だと考えられます。しかし、「見える改革」で予算編成過程や情報公開を進め、全国市民オンブズマン連絡会議の情報公開ランキングで政令指定都市の中で最下位だったさいたま市を平成24年度には全国1位とし、「生む改革」では680億円の財源を創出。さらに「人の改革」では「一職員一改善提案制度」における提案が平成21年度の398件から、平成25年度には1万766件と27倍以上に増加するなど、行財政改革は着実に進んだと考えています。

私たちは、外部評価でいただいたご意見を踏まえながら、常に「市民目線」を意識して、行財政改革に取り組んでいかなければなりません。

絆のまちづくりの成果（各賞の受賞）

私は「第8回マニフェスト大賞」（マニフェスト大賞実行委員会主催、毎日新聞社・早稲田大学マニフェスト研究所共催、共同通信社後援）でグランプリをいただきました。２０１３（平成25）年11月のことです。マニフェスト大賞は、政策本位の政治を目指す全国の首長や地方議員、市民らを表彰するものです。

私が最初の市長選で掲げたマニフェスト「さいたま市民しあわせ倍増計画」に基づいて、市民のみなさんによる評価を毎年度実施するなど、いわゆるＰ（計画）Ｄ（実行）Ｃ（評価）Ａ（改善）のサイクルを回してマニフェスト型の自治体運営を着実に進めていること、マニフェストの約９割を達成し２期目につなげていることなどが高く評価されました。

これは、市民目線の進捗状況のチェック、市民のみなさんとの協働、そして何よりも私と市民のみなさん、職員が目標を共有して取り組んだ結果です。グランプリは「さいたま市」にいただいたものだと、私は考えています。

また、さいたま市が設立し、私が会長を務める全国初の本格的なスポーツコミッション「さいたまスポーツコミッション（SSC）」は2013（平成25）年、公益社団法人スポーツ健康産業団体連合会と一般社団法人日本スポーツツーリズム推進機構による「第1回スポーツ振興賞」において、スポーツツーリズム賞部門の最高賞「国土交通省観光庁長官賞」を受賞しました。これは、SSCが取り組むスポーツツーリズムやスポーツによるまちづくりへの貢献が評価されたものです。

このほかにも、さいたま市で開催される第8回世界盆栽大会が、日本政府観光局の平成26年度「国際会議誘致・開催貢献賞」を国際会議誘致の部で受賞しました。これは、国際会議主催者および都市・推進機関の優れた功績を称えるものです。

また、日本総合研究所がまとめた2016年版の都道府県別の幸福度ランキングで、さいたま市は全20政令指定都市の中で第1位になることができました。

第3章

誇りと絆のまちづくり
選ばれる都市・しあわせ実感都市へ

2nd stage

持続可能な都市へ、運命の10年

17万票を超える支持をいただいて、さいたま市の舵とりを任された2期目。世界の風が吹き抜けた、あの日の光景から始めましょう。

2013（平成25）年10月26日、自転車ロードレースの最高峰「ツール・ド・フランス」の名を冠した周回形式のレース「さいたまクリテリウム」が開かれました。ツール・ド・フランスの名を冠した大会がフランス以外で開かれたのは、世界初のことで、20万人の観客が世界の風に酔いしれました。私は、この風がこの先、さいたま市にどんな変化をもたらすだろうと大きく期待を膨らませました。

さいたま市は大規模で、国際的なイベントが開催される都市として注目されるようになりました。2回目となる「さいたま国際マラソン」、今年初めて開いた国際芸術祭「さいたまトリエンナーレ2016」、そして来春には世界へ盆栽の魅力を発信する「第8回世界盆栽大会」を控えています。

魅力的な大規模イベントには大勢の観客が訪れますから、その経済効果は大きく、地域経済の活性化に重要な役割を果たすと思います。例えば、「さいたまクリテリウム」の平成27年度の経済効果は約25億3500万円、3カ年では84億円以上になります。

しかし、私が考える効果は大勢が集う派手で、国内外から注目を集めるアドバルーンのようなものではありません。市民のみなさんの生活やまちづくりにしっかりと結びついたものです。そのことを、この章では論じていきます。


さいたま市がいくつかの課題を抱えていることは、すでに述べました。その1つが高齢化で、しかも今後急激に進行することが重大な問題です。そして、少子化と人口減少です。私たちの推計では、さいたま市の人口は2025（平成37）年をピークに減少に転じます。さらに、核家族化、高齢者だけの世帯や一人暮らしが増加するなどして、コミュニティ力が低下していることも見逃せません。また、環境問題への取り組みも重要です。

これらの課題に加えて、私はさいたま市が「選ばれる都市」になるためにはブランド力を高める必要があることも指摘しておきたいと思います。

では、解決へ向けてどうすればいいのでしょう。私は「さいたま市の強み」をまちづくりに生かそうと考えています。

さいたま市は鉄道や高速道路などの広域的な交通網が充実しており、交通の利便性が非常に高い都市です。また、内陸型都市であり、大宮台地に位置していることから地盤が比較的強いといわれています。地震や台風などの自然災害に強いのも大きな特徴です。加えて、教育や文化、健康やスポーツ、そして環境の分野でもこれまでに積極的な取り組みを進めてきた実績があり、他の都市に負けないほど充実しているのも大きな魅力です。

重要なことは、これらの強みをさらにまちづくりに生かし、さいたま市を多くの方から選んで住んでいただける都市、つまり「選ばれる都市」にすることです。企業にもさいたま市を選んで進出していただかなくてはなりません。

このことは、市民のみなさんが安心して暮らせる「しあわせ実感都市」をつくることであり、さいたま市がさらに市民満足度の高い都市になることを意味しています。

人口減少は日本全体の問題です。これからは都市間で住民を、特に若い世代を奪い合う競争になります。さいたま市の強みを徹底的に生かしたさまざまな施策をしっかりと実行し、地域の誇りをブランド力として地域に根づかせることが重要です。合わせて、さいたま市の都市イメージやブランド力を外へ向かって積極的に発信するシンボル的な事業を行うことも必要だと考えています。

さいたま市の人口は、現在はまだ増加傾向にあって、これからも緩やかではあるもののしばらくはこの傾向が続くでしょう。増収も見込め、財政はまだ良好な状態にあります。ですから、今なら積極的な取り組みを進めることができます。

これからの10年は、さいたま市が激しさを増す都市間競争に勝ち残り、持続可能な発展を遂げるために残された大切な時間。まさに「運命の10年」なのです。

私たちは残された時間の中で、市民のみなさん一人一人がしあわせを実感できる「しあわせ実感都市」、他の都市で暮らす住民や企業のみなさんから「選ばれる都市」を目指します。では、私たちが目指しているさいたま市の姿とはどんなものなのでしょうか。ここからは、その都市像について、まちづくりの課題やすでに進んでいる計画の状況、そしてまちづくりの成果などを含めて述べていきます。

5つの都市像――東日本の中枢都市構想の推進

特に力を入れているのは、広域的な交通結節機能の拡充と「2都心4副都心」の多核ネットワーク型都市づくりの推進です。2都心とは大宮駅周辺地区・さいたま新都心周辺地区、浦和駅周辺地区で、高度で広域的な都市機能が集積し、多様な都市活動や市民生活の拠点となる地区です。4副都心は多様な都市活動を支える都市機能を備える地区で、武蔵浦和駅周辺地区、美園地区、日進・宮原地区、岩槻駅周辺地区を指します。

JR北海道新幹線の開業で、大宮駅は東北、上信越、北陸地方に加え北海道とも結ばれ、東日本の結節拠点としての重要性がますます高まっています。大宮駅のハブ機能をさらに強化するため、新幹線の大宮駅始発の新設、大宮駅グランドセントラルステーション化構想と名付けた駅機能の高度化、交通基盤整備と駅周辺のまちづくりの視点から整備を進めます。また、大宮駅とさいたま新都心、浦和美園駅を次世代型路面電車システム（LRT）などで結ぶ「東西交通大宮ルート」、地下鉄7号線の延伸は、交通の結節点を増やす視点からも重要です。

さいたま市には高速道路や国道など多くの主要幹線道路が走り、すでに利便性の高い都市です。さらに、首都高速・埼玉大宮線を与野ＪＣＴから北へ延伸して圏央道と結び、首都高速・埼玉新都心線をさいたま見沼インターから東へ延伸して東北道と連結すれば、利便性はますます高まります。特に、さいたま新都心地区の利便性が大きく高まり、周辺道路の渋滞解消や企業進出などのストック効果も期待できます。加えて、災害時の物資輸送ルートとしても活用できるでしょう。

さいたま新都心地区については長距離バスターミナルを設けて、さらに交通の結節機能を高めていきたいと考えています。

そして、空港とのアクセスの強化です。大宮駅と成田、羽田空港は現在でも鉄道で60～90分ほどで結ばれています。東京オリンピック・パラリンピックを控え、ＪＲ東日本などが新線構想を打ち出しており、実現すればますます近くなるでしょう。さらに、バス路線も注目です。成田、羽田空港へは大宮駅、さいたま新都心駅からの路線があり、羽田空港へは浦和駅、武蔵浦和駅経由の直通バス路線ができました。

地方空港とのアクセス強化にも大きな可能性があります。新幹線を利用すれば大宮駅から空港のある仙台や新潟まで90分ほどですし、茨城空港とは車でも常磐自動車道経由で約90分で結ばれています。圏央道が開通すればさらに便利になるでしょう。今後、訪日客の急増が見込まれます。私は、結節拠点として機能を高めることで、国際ビジネス都市としての発展を視野に入れています。

こうした中で、宿泊機能やコンベンション機能などの充実や、2都市4副都心の強みを生かした都市機能の充実が必要です。特に「2都心」の一つ、大宮駅周辺地区については、30年以上進めることができなかった東口のまちづくりを大きく前進させます。リーディングプロジェクトとして大宮駅東口大門町2丁目中地区第一種市街地再開発事業や大宮区役所の移転建て替え、氷川緑道西通線の整備を進めるほか、駅前広場も含めた駅周辺の青写真をより明確にし、大宮駅東口周辺の公共施設を再編した連鎖型まちづくりを進めていきます。

大宮駅東口大門町2丁目中地区第一種市街地再開発事業は2009（平成21）年に再開発準備組合が発足。2013（平成25）年に都市計画を決定し、2015（平成27）年の組合設立認可を受け、2016（平成28）年3月に事業認可を取得、

2017(平成29)年には着工予定で、2020(平成32)年に再開発ビルが竣工の予定です。地上18階建ての建物が建ち、商業施設、業務施設、市民会館おおみやなどの公共施設が入居予定です。

大宮区役所は旧県大宮合同庁舎跡地に移転し、大宮図書館も含めた複合公共施設として建て替えます。事業費の縮減などをさらに図るため民間のノウハウを活用するPFI-BTO(設計・施工・維持管理運営)方式で事業を進めています。旧県大宮合同庁舎の解体工事が11月から始まり、2019(平成31)年5月の開設予定です。また、その前を通る氷川緑道西通線(南区間)の整備も行っており、大宮区役所の移転に合わせ、同時期に開通を予定しています。

大宮駅西口周辺では、「大宮駅西口第四土地区画整理事業」の早期事業完了を目指して宅地、道路の整備を進めており、「西口第三地区のまちづくり」は昨年、B地区の市街地再開発事業の都市計画を決定。A、D地区でも準備が進んでいます。また、市営桜木駐車場用地の有効活用では、不足しているシティホテルと多目的なコンベンション施設の誘致を目指して準備を進めています。

大宮駅グランドセントラルステーション化構想は今後の最優先の政策課題で、推進会議を立ち上げ協議を始めました。東日本のハブステーションである大宮駅は東京、名古屋、大阪のスーパーメガリージョン、つまりは東日本、中日本、西日本をつなぐ拠点としての役割が期待されています。大宮駅周辺のまちづくりはさいたま市にとっても、日本全体にとっても重要な意味があります。

5つの都市像——日本一の安心減災都市づくり

さいたま市は大宮台地の固い地盤の上にあって、土地の高低差が比較的少なく、台風や地震などの大規模災害が少ないのが特長です。加えて交通の利便性が高く、首都直下地震の際にも、首都圏と東日本をつなぎ、首都機能のバックアップ拠点になります。今年7月、国土交通省関東地方整備局と日本大学法学部、さいたま市は日本大学法学部の大宮キャンパスを国土交通省の緊急災害対策派遣隊（TEC－FORCE）の活動拠点とすることで合意し協定を結びました。

さいたま新都心駅東口の三菱マテリアルの跡地に1ヘクタールの防災公園を整備し

て避難場所として活用するほか、セントラルパーク構想の一環として見沼合併記念公園を活用し、防災機能を持った約16ヘクタールの防災公園を整備します。

また、広域的な防災機能の強化も重要なことから、荒川の河川管理用道路を活用するなどして、都内の防災拠点との連携強化を図ります。

同時に、災害に強いまちづくりや地域の防災力強化も重要です。都市計画上の「準防火地域」の拡大、学校にはマンホール型のトイレを設置するなど取り組みを進めています。また、防災アドバイザー（防災士）や災害ボランティアコーディネーターの育成を進めているほか、避難所の運営訓練や防災訓練を市、区、地域単位で積極的に実施しています。

5つの都市像――日本一の教育文化都市を実現

■子育て支援――保育所の整備

認可保育所の増設では、２０１３（平成25）年４月１日現在で１万２９８３人だった定員を平成29年度までに３６００人増やす目標でしたが、すでに４３６１人増員し、定員を1万7344人にまで大幅に増やしました。また、保育士の確保や待遇改善にも積極的に取り組んでいます。

このほか、親と子、家族の絆を深める子育てを支援するさまざまな取り組みもあります。父親による「1日保育士・幼稚園教諭体験」や「パパサンデー」の実施、祖父母手帳を活用した「孫育て講座」などのほか、平成29年度には「さいたま市子育て総合センター（仮称）」が誕生する予定です。

■教育――中等教育学校とグローバルスタディ

私たちは社会を生き抜く力と希望をはぐくむ教育を目指し、知・徳・体・コミュニケーションのバランスのとれた子どもの育成に取り組んでいます。文部科学省の「全国学力・学習状況調査」では、小中学校ともに全ての教科で全国や大都市の平均正答率を上回っており、学力は良好な状況です。また、「将来の夢や目標をもっている」と回答した割合も全国平均を大きく上回っています。

また、全ての市立小中学校で新しい英語教育「グローバル・スタディ」がスタートしたほか、市立高校4校ではより特色のある学校づくりを進めています。市立浦和高校

子どもと親の幸せ倍増

新待機児童ゼロプロジェクト

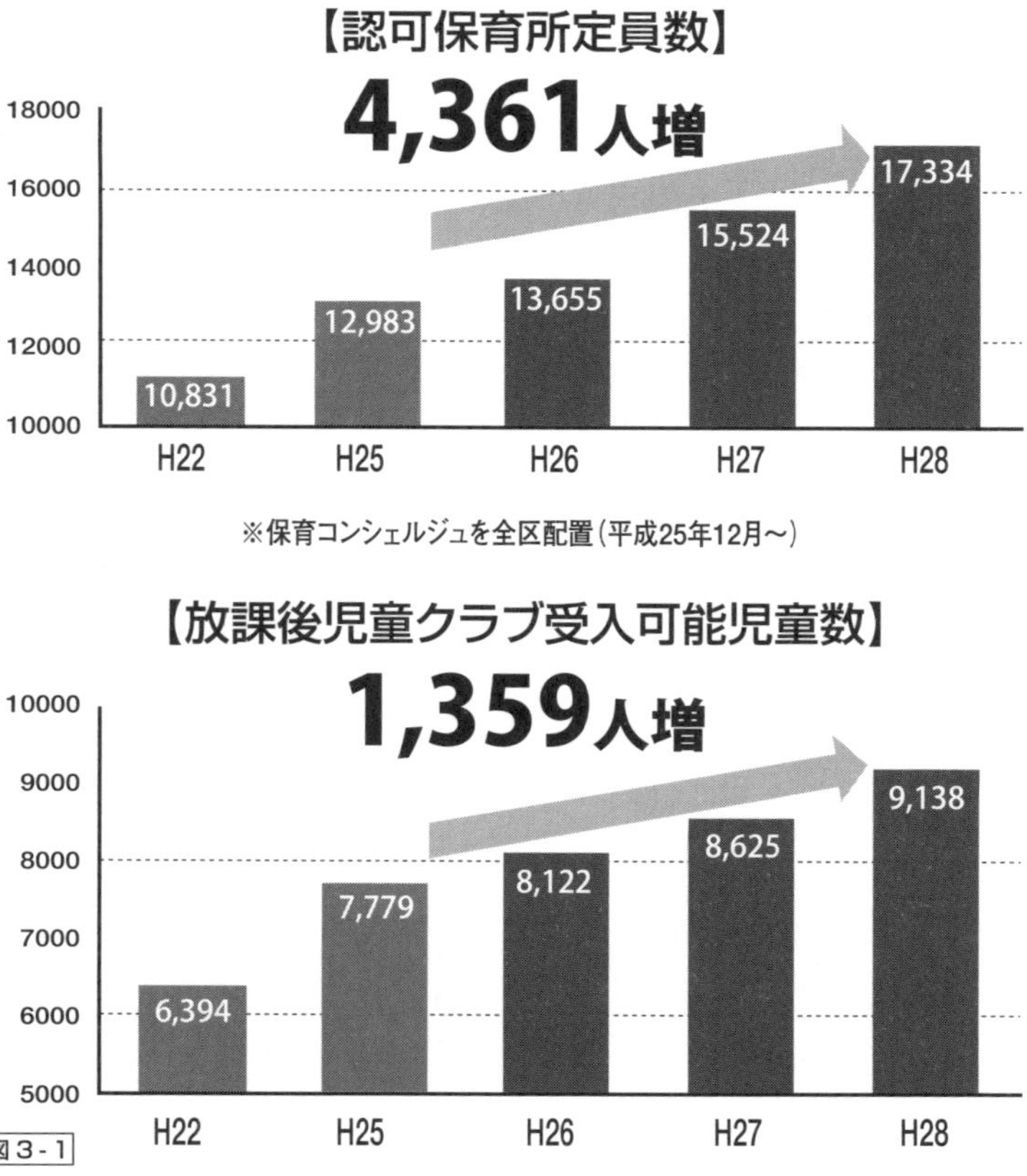

図３-１

は中高一貫教育校に、浦和南高校は単位制の進学校に、大宮北高校は理数科を設置して理数教育の充実を、大宮西高校は国際交流などの活動に力を入れています。特に、大宮西高校はグローバル化社会に適応できる人材の育成をさらに加速させ「中等教育学校」として発展、国際バカロレア認定校を目指しています。これについては後述しましょう。

■食育——日本一笑顔あふれる給食

私たちは子どもたちの体と心をつくり、生涯にわたって健康で豊かな食生活を送るための望ましい食習慣をはぐくむため、全国の政令指定都市の中で唯一、市立小中学校の全校に給食室があります。地域の農産物を積極的に活用し、栄養教諭や学校栄養職員が各校の特色を生かし、創意工夫に満ちた給食を提供しています。

また、地元のホテルやレストランで活躍されているシェフが各校に合わせた献立を提案。実際に調理もしていただく「地元シェフによる学校給食」というユニークな取り組みを年に20校で実施しています。そのほか、全校で「学校教育ファーム」を実施しており、農業体験を通して命や自然、環境や食物に対する理解を深めるとともに、学校における食育を推進しています。

私も学校給食を子どもたちと一緒にいただくことがあります。自校式の給食は地場の農産物をふんだんに使い、出来立てで温かく、とても美味しいです。どの学校でも給食を完食している子どもが多いと聞いており、じゃんけんしておかわりする子どもたちをみると心まで温かくなります。

■日本一の「読書のまち」――図書館数、図書貸し出し数

さいたま市は、日本一の「読書のまち」で、市内には25の図書館があり、個人貸出数は年間1005万点(平成27年度)、資料の予約は271万件(同)で、全国の政令指定都市の図書館の中で第1位です。また、人口1人当たりの蔵書冊数は第3位です。

全市立小中学校には学校図書館司書が配置され、学校図書館と図書館との資源共有ネットワークも構築されています。また、たくさんの保護者や地域のみなさんが読み聞かせや図書の整理などのボランティアに参加してくださっています。

■地域の教育力――チャレンジスクールとスクールサポートネットワーク

今、市立の全小中学校で放課後や週末を利用した「チャレンジスクール」が実施されています。保護者や地域のみなさんが協力して運営しているもので、子どもたちは勉強を教えてもらったり、昔遊びやスポーツ、そろばんや書道を学んだりするなど地域ごとに独自のプログラムがあります。児童・生徒などの参加者数は延べ18万2444人（平成27年度）で、子どもの90％以上(同)が「参加して良かった」と感じています。保護者やボランティアのみなさんからも「チャレンジスクールの活動は充実していると思う」「チャレンジスクールに協力していることにやりがいを感じる」との意見が、それぞれ90％以上（平成27年度）に上っています。

また、スクールサポートネットワークは地域ぐるみで子どもを育てる学校の応援団で、目標を大きく上回る3万566人(平成27年度）の学校支援ボランティアが参加しています。この取り組みを進めるため、私たちは、学校と地域のみなさんとの連絡や調整を行う学校地域連携コーディネーターを全ての市立小中特別支援学校に配置しています。

■子どもたちの支援――スクールソーシャルワーカーなど

いじめ、不登校、暴力行為、児童虐待など子どもたちを取り巻くさまざまな課題があることは残念ながら事実です。私たちはこうした課題に対して、「スクールソーシャルワーカー（ＳＳＷ）」を教育相談室へ配置する取り組みを始めました。ＳＳＷは問題を抱える子ども本人だけでなく、周囲の環境を含めて理解し解決策を探る社会福祉の専門家で、カウンセラーが「心のケア」をするのに対し、ＳＳＷは子どもを「取り巻く環境」に着眼して支援します。

また、「スクールアシスタント」を全ての市立小中学校、幼児教育センター付属幼稚園へ配置しています。これは平成26年度に始まったもので、子ども一人一人の教育的ニーズに応じて、授業の補助や生活支援などを行っています。また、特別支援学級の設置校を大幅に増やしています。２０１３（平成25）年４月に市立小中学校61校だった設置校は、２０１６（平成28）年４月には１２０校になりました。

５つの都市像――健幸（けんこう）都市づくり

■「歩いてしまう」まちづくり

健康寿命とは、健康上の問題がない状態で日常生活を送れる期間のことです。少子高齢化が進む中で、健康寿命を伸ばすことは全国の自治体の大きな目標になっています。こうした中で、私たちは歩くことを基本に「健幸（けんこう）で元気に暮らそう！スマートウエルネスさいたま」に取り組んでいます。

実証実験で健康への効果が認められたことから、「健康マイレージ」の取り組みを本格化しました。通信機能付き活動量計やスマートフォンアプリを利用して、歩数や健康診断などの受診に応じてポイントが付与されます。獲得したポイントに応じて景品抽選に応募できる仕組みです。今年は1万人、来年は3万人の参加を目指して進めていきます。

今、市内各区にウオーキングコースがあります。各区でウオーキングイベントが開催されているほか、「さいたマーチ～見沼ツーデーウオーク～」は今年で4回目となりました。都市型のウオーキング大会として大人気で、参加者は6千人を超えるまでに成長しています。私たちは見沼田んぼで日本一の桜回廊づくりを進めています。咲き誇る桜の下を歩いて健康づくりに励むシンボル事業に育てたいと考えています。

また、国内最大のウオーキングイベント「日本スリーデーマーチ」が行われる東松山市、飯能市、秩父市、川口市と埼玉県マーチングリーグを結成し、それぞれの大会が連携して盛り上げていきます。

■スポーツで日本一笑顔あふれるまちへ

私たちはスポーツをまちづくりの柱の１つと捉え、２０１１（平成23）年に「さいたまスポーツコミッション（ＳＳＣ）」を創設しました。本格的なスポーツコミッションの設立は全国初のことで、スポーツイベントの誘致や開催支援を通じて観光などの交流人口の拡大を図り、地域経済の活性化を目指しています。

ＳＳＣが共催する事業の１つが、本章の冒頭で述べた「ツール・ド・フランスさいたまクリテリウム」です。昨年は推計で9万5千人の観客数があり、経済効果は約25億３５００万円でした。平成27年度、ＳＳＣにかかわるスポーツイベントの経済効果は、平成27年度だけで約80億2千万円（推計）に上ります。設立から２０１６（平成28）年３月までの４年半の経済効果は、誘致・支援したスポーツイベントだけで約２３３億６千万円。これにＳＳＣの主催、共催（さいたまクリテリウムなど）を加えると約３７５億円に達しています。

「さいたま国際マラソン」は昨年、リオ五輪の代表選考レースとして注目され日本テレビで3時間全国放送されました。この大会でも34億円以上の経済効果と、６億円以上の広告効果（日本テレビは含まず）がありました。２回目となる今大会はフルマラソン（一般の部）の参加人数を5千人から1万6千人へ大幅に拡大し、経済効果も市民のみなさんの参加意欲も高まります。私も出場して完走を目指します。

お伝えしたいのは、私たちはこうした大規模なスポーツイベントをしっかりとまちづくりに生かしていることです。例えば、自転車のまちづくりでは「たのしむ」「まもる」「はしる」「とめる」の視点からさまざまな取り組みを進めています。

「たのしむ」では、自転車を活用して充実した余暇を楽しむ取り組みとして、サイクリングが楽しめる「レクリエーションルートの整備」や「コミュニティサイクルの利用促進・エリア拡大」などを進めています。「まもる」では、自転車の安全な利用を推進するため、全市立小学校4年生を対象に安全講習や実技試験などを実施し免許証を交付する「子ども自転車運転免許制度」、また、市立中学・高校では、スタントマンによる模擬交通事故で恐怖を体験する「スケアード・ストレイト教育法」を用いた交通安全教室を開催しています。「はしる」では自転車が安全に通行できる自転車通行環境整備として、概ね10年間で、日常生活で整備の必要性が高い路線を自転車ネットワーク路線として約200キロの整備、また、自転車利用環境を充実させるため、レクリエーションルート沿道を中心にトイレや休憩所などの「サイクルサポート施設」

を設置したいと考えています。「とめる」では、自転車の駐輪利便性向上のための駐輪環境の整備と放置自転車解消のための取り組みを並行して実施していきます。

自転車事故も２０１０（平成22）年の２５６７件から２０１５（平成27）年の１４４９件まで大幅に減少しています。自転車の安全な環境整備に向けてさらに取り組みを進めていきます。

■高齢者を積極的に応援しています

高齢者のみなさんに健康で長生きし、しあわせを実感していただくためには積極的な社会参加が大切です。「シルバー人材センター」や「シルバーバンク」は、長年培ってきた経験や知識を生かして地域社会の担い手になっていただく仕組みです。また、学ぶ場として「シニアユニバーシティ」事業にも取り組んでいます。

「さいたま市長寿応援制度」をご存知ですか。登録団体で健康づくりなどに取り組んで長寿応援シールを集めると奨励金（年間上限5千円）が支払われる制度です。また、よく似た仕組みに「さいたま市介護ボランティア制度」があります。さいたま市に登録した施設や活動団体で、配食サービスやふれあい会食などのボランティア活動を行い「ボランティア手帳」にポイント（ヌゥシール）を集めると、奨励金（年間上限5千円）などと交換できます。

また、高齢者のみなさんがさいたま市の施設を無料、または割引で利用できる「アクティブチケット」があります。「シルバー元気応援ショップ事業」では、協賛店でシルバーカードを提示すると割引などのサービスが受けられます。

長寿応援制度や介護ボランティア制度、アクティブチケットやシルバー元気応援ショップは、敬老祝い金の見直しとともに、高齢者の生きがいづくりやより効果的に健康で長生きしていただこうと始まった取り組みです。長寿応援制度の登録者数は2万4873人（平成27年度）、介護ボランティア制度の登録者数は7551人（同）で、年々増加しています。

5つの都市像——環境未来都市の実現

さいたま市は2011（平成23）年に国から「次世代自動車・スマートエネルギー特区」に指定され、翌年にはハイパーエネルギーステーションの普及、スマートホーム・

コミュニティの普及、低炭素型パーソナルモビリティの普及を重点プロジェクトとする「地域活性化総合特別区域計画」が認定されました。

■ハイパーエネルギーステーションの普及

東日本大震災後の特区申請に当たり、最も重視したのは災害時に地域のエネルギーをいかに確保するかということでした。人や物資の輸送リスクの分散に向け、市域内にガソリン・軽油のほか、圧縮天然ガスを供給するエコ・ステーション、電気自動車（ＥＶ）用充電設備、燃料電池自動車（ＦＣＶ）向けの水素ステーションの整備に取り組んできました。当初は、まさに「燃料のデパート」のようなものを考えていましたが、ガソリンスタンドが「地下タンク」問題で次々に廃業したことや、そもそもＥＶユーザーにはガソリンスタンドに行く考えがないことから、現在ＥＶ用充電設備は災害時に電気を供給できる施設と考えています。

従来の自動車向けガソリン、軽油、圧縮天然ガスに加えて、ＦＣＶ向けの水素供給設備も備える施設、または災害時にＦＣＶに水素を供給できる設備を「ハイパーエネルギーステーションＳ」と呼び、太陽光発電と蓄電池やゴミ発電などを組み合わせて災害時にEVに電気を供給できる施設が「ハイパーエネルギーステーション」です。

水素ステーションについて紹介しましょう。東部環境センターには災害時も止まらないゴミ発電による電力を使って水素を製造し供給できる世界初のパッケージ型「スマート水素ステーション」があります。また、桜区にある東京ガスの天然ガススタンド「浦和エコ・ステーション」に併設して1カ所、見沼区のJXガソリンスタンドに併設して1カ所、緑区と見沼区のガソリンスタンド跡地を整備して2カ所（移動式設置して、現在5カ所になりました。災害時には、これらの施設から燃料電池車を経由して避難所や家庭へエネルギーを供給することもできます。

■スマートホーム・コミュニティの普及

昨秋、埼玉高速鉄道の浦和美園駅西口に「アーバンデザインセンターみその（UDCMi）」が開設されました。

「選ばれる都市」になるためには、超高齢化への対応、環境負荷の低減、地域経済の活性化などの課題に対応することと、安全・安心、快適・便利、楽しく豊かなまちの魅力が必要です。UDCMiは市民、行政、民間事業者、専門家などのみなさんが協働し、それぞれの活動や事業を活性化して連携し、互いに相乗効果を生み出していくためのまちづくり拠点施設です。

ここでは、主にまちづくりのソフト分野の調査検討、企画調整、事業化を行う「美園タウンマネジメント協会」と、主にハード分野の検討や協議調整を行う「みその都市デザイン協議会」が連携母体として活動を進めています。

美園タウンマネジメント協会は慶應義塾大学の西宏章教授を中心に４大学、民間からは29の企業や団体、そしてさいたま市が会員になっています。みその都市デザイン協議会は埼玉大学大学院の久保田尚教授を中心に２大学、民間からは12の団体や企業、「公」はさいたま市と埼玉県、都市再生機構、埼玉県公園緑地協会が会員です。私はここでの取り組みを「さいたまモデル」とし、スマートホーム・コミュニティの認証制度確立を視野に入れながら取り組みを全市へ広げていきたいと考えています。

また、埼玉大学近くではスマートホームシステムの実証実験が行われています。これは本田技研工業、東芝、積水ハウスと協力したもので、現在３棟の実験住宅ではＩＴやパーソナルモビリティなどの技術と、家庭やモビリティ、地域のエネルギー需給を総合的に管理するエネルギーマネジメント技術を取り入れた先進の暮らしの検証が行われています。これまでに最新機器の認証制度への適用など、具体的成果を生んでいます。

■低炭素型パーソナルモビリティの普及

本田技研工業が開発した2人乗りの超小型電気自動車「MC-β」を活用した体験試乗会や乗り捨て型カーシェアリングの実証実験などを行いました。さまざまな移動手段を提供することで市民のみなさんの自由度が高まり、高齢者が元気に外出したり、子どもを連れて気軽に外出したりできるようになります。超小型モビリティの実用化は、多くのみなさんが社会との絆を深めるきっかけになるでしょうし、観光やビジネスでの活用も大いに期待できます。

絆——しあわせ実感都市への方策

これらを実現する具体的な方策の1つが「しあわせ倍増プラン2013」です。これは、私が2期目の市長選挙において公約として掲げた「新しあわせ倍増計画」を基礎にさいたま市の計画として策定したものです。計画期間は平成25年度から平成28年度までの4年間で、私たちが特に力を入れて取り組むべき施策を次の10分野として、60項目、１１１の事業から構成されています。

私が特に重要視している課題は、待機児童についてです。子育て世代のみなさんの不安を解消し、安心して子育てできる環境を早急に整えなくてはなりません。保育の質を低下させることなく、一日でも早く待機児童ゼロを実現できるよう全力で取り組んでいます。そこで、「子どもと親のしあわせ倍増」の分野には、新待機児童ゼロプロジェクトの項目を設け、認可保育所の増設、放課後児童健全育成事業の充実、保育・幼児教育の推進、保育コンシェルジュの全区配置による保育相談窓口の強化事業を盛り込みました。

認可保育所の増設については先に述べましたので、放課後児童クラブについて進捗状況を紹介します。

受入可能児童数については、学校用地内への設置を含めて民設クラブの整備を進めることで、平成29年度までに受入可能児童数を１６００人増やす計画に対し、平成28年度で１３５９人増員し、９１３８人となっています。

また、保育コンシェルジュは全区役所へすでに配置されており、区役所窓口の休日開設日にも相談に応じています。保育コンシェルジュは、保育を希望される保護者からの相談に応じ、認可保育所やさいたま市独自の認定施設（ナーサリールーム、家庭保育室など）、一時預かり事業などの保育サービスについての情報を提供します。

誇り――選ばれる都市への方策

さいたま市は近い将来、人口減少社会と少子・高齢化が同時に進行します。その前に、さいたま市の強みを生かしながら、定住人口や交流人口の増加を図り、さいたま市へ進出する企業を増やす「選ばれる都市」へ成長しなければなりません。

先に示した5つの柱を基本とするまちづくりを実現する、もう一つの具体的な方策が「さいたま市成長戦略」です。

私は、人や企業が都市を選ぶ重要なポイントは交通の利便性だと考えています。交通の結節機能を高め、人、モノ、情報の流れをつくり、港のような機能を強化することが経済の発展につながります。さいたま市は首都圏に位置し、鉄道や道路が結節するハブ都市であり、交通の利便性が非常に高い特性があります。

成長戦略でいう「東日本の中枢都市」とは、高いハブ機能を備えた都市として、経済や文化、情報などの広域的機能を持ち、北関東や東北、北陸、上信越地方との強い連携を図る中枢都市を指します。

成長戦略は推進方針に、スピーディーな展開をしていくこと、民間活力や企業の力を可能な限り活用し実施すること、民間の経済活性化につなげていくことを掲げ、次の７つのプロジェクトを設けています。

○国際観光都市戦略「さいたまＭＩＣＥ（まいす）」
　※ＭＩＣＥはMeeting・Incentive Travel・Convention・Exhibition／Eventの頭文字で、多くの集客力を見込めるビジネスイベントの総称
○スポーツ観光・産業都市戦略
○医療ものづくり都市構想
○環境技術産業の推進

○東日本の中枢都市構想
○広域防災拠点都市づくり
○戦略的企業誘致と国際展開支援

成長戦略は、平成28年度を目安に推進していきますが、東京オリンピック・パラリンピックが開催される2020(平成32)年を視野に入れながら、中長期的な時間軸で持続的に成長していくために必要な施策も位置づけています。

市内総生産は実質経済成長率を、0・8%(平成22年度)から2%程度(平成25年度から平成32年度の平均)に引き上げることを目指します。

また、生産年齢人口(15歳~64歳)を推計値よりも増やすことを目指します。さいたま市独自の推計では、2020(平成32)年の生産年齢人口は79万7千人で、これを80万5千人にします。

さらに、さいたま市内の各駅の鉄道乗降客数についても目標を定めています。1日179万人(平成24年度)から、185万人(平成32年度)にまで引き上げることを目指します。

高品質経営を目指す――行財政改革推進プラン２０１３

しあわせ実感都市を実現するための「しあわせ倍増プラン２０１３」と、選ばれる都市を目指す「さいたま市成長戦略」の取り組みを着実に実行することが、少子・高齢化の進展と将来の人口減少の影響を緩やかにする上で極めて重要なことは、繰り返し述べてきました。

そして、これらの取り組みを下支えするのが「見える改革」「生む改革」「人の改革」を基本目標とする「行財政改革推進プラン２０１３」です。

見える改革（市民や企業とともに進める行政運営）では、市政への市民参加の機会を充実し、市民の声を広く聴取するとともに、市民・事業者との情報共有のもとに、民間活力を徹底活用し、公民連携による事業を推進します。また、市政運営の最前線である区役所の窓口サービスの向上を図ります。これらにより、市民目線に立った行政運営を実現し、市民満足度を高めます。

具体的な目標は、市民意識調査において、市の施策や事業に対する満足度を70％（平成25年度60・9％）、改革に対する評価70％、職員に対するイメージ70％としています。

生む改革（しあわせ倍増を実現するための財源創出）では、知恵と工夫を凝らして選択と集中を行い、健全な財政運営の維持に向けた歳出改革を推進するとともに、市税などの収納率の一層の向上や受益者負担の原則に基づく財源確保など、自主財源のより一層の確保を図ることで、しあわせ倍増を支える財源を創出します。また、行政内部の無駄が徹底的に排除された、効率的・効果的な組織体制を構築します。

具体的な目標は、財源創出額500億円（84億円の歳入確保策、416億円の歳出削減効果）です。例えば、ネーミングライツではNACK5スタジアム大宮（5年間）、浦和駒場スタジアム・レッズハートフルフィールド（3年間）で1億500万円。自動販売機の設置業者を公募して賃料の増収を図る取り組みでは平成27年度は34台の公募により約1680万円の増収でしたし、歩道橋のネーミングライツには現在9社がパートナーになっています。

人の改革（職員の意識改革・組織文化の創造）では、職員の意識改革を一層進め、常に市民目線をもってより良いさいたま市を目指す、挑戦・改革意欲に溢れた職員を育成するとともに、日常的に改善・改革を実践する組織風土を醸成していきます。また、職員が働きがいをもって意欲的に職務に精励するため、過度の時間外勤務を抑制し、ワーク・ライフ・バランスの一層の確保を図ります。

具体的な目標は、職員の働きがいや職場環境等に関するアンケートにおいて、職員の意識改革度を測る指標として働きがい80％（平成25年度78・6％）、改革・改善風土80％（同74・6％）、職員満足度80％（同78・8％）。加えて、ワーク・ライフ・バランス実現度としてワーク・ライフ・バランスの確保80％（同69・2％）、時間外勤務時間数12％削減（平成24年度比）としています。

「一職員一改善提案制度」の充実は目を見張ります。制度を導入した当初はわずか398件だった改善提案は、年々増加して平成27年度には1万4424件と36倍以上にもなりました。この年の改善事例発表会「カイゼンさいたマッチ」には市民や企業のみなさんのほか、他の自治体からもお越しいただき、出席者は253人でした。

子ども連れで来庁する方をみて「私たちの目で見守れる場所に託児スペースをつくろう」と思い立ったグループ、戸惑う家族の姿から必要なものをメモで渡す工夫をした救急隊員の取り組みなど、職員のアイデアは、できそうでできなかった行政や業務上の壁を打ち破るものばかりです。市民目線を大切に改善しようという意識が広がっていることを、本当に心強く感じています。

こうした職員の積極的な取り組みに少しでも応えようと、私も組織や職員グループを表彰する「市長のいいね！」を設けるなどしています。これまで以上に市民目線を意識し、行財政改革に取り組んでいきます。

さいたま市まち・ひと・しごと創生総合戦略

さいたま市は2015（平成27）年11月に「さいたま市人口ビジョン」と「さいたま市まち・ひと・しごと創生総合戦略（さいたま市総合戦略）」を策定しました。これは「まち・ひと・しごと創生法」に基づき、国が総合戦略に掲げる基本目標を踏まえたものです。さいたま市が国に先駆けて取り組んできた「さいたま市成長戦略」と「しあわせ倍増プラン２０１３」、加えて「さいたま市総合振興計画」の取り組みを人口減少克服の観点から再構築しました。計画期間は平成27年度から平成31年度までの５年間です。

この「さいたま市総合戦略」は「子育て楽しいさいたま市」を目指した子育て支援策（人口増と住みやすさの向上）、高齢者をはじめとする全ての市民が活躍する施策（すべての世代の活躍）、東日本全体の広域連携と交流の強化を進める施策（広域連携と交流強化）にポイントを置いています。基本目標には次の５つを掲げて、達成度を測る指標として数値目標を設定しました。

■次代を担う人材をはぐくむ（若い世代をアシスト）

（数値目標）年少人口17万２５００人、転入超過数７８００人（２０１９年）

■市民一人ひとりが元気に活躍する（スマートウエルネスさいたま）

（数値目標）65歳の健康寿命　男性19年、女性22年

■新しい価値を創造し、革新（イノベーション）する（産業創出による経済活性化）

（数値目標）法人市民税法人税割額の納税義務を負う企業数１万２８００社、市内事業所数４万２６００事業所、市内事業所従事者数54万９９００人

■自然と共生しながら、都市の機能を向上する（上質なくらしを実現できる都市）

（数値目標）市民1人当たり温室効果ガス排出量3・27トン－CO_2、さいたま市内駅乗降客数186万人／日

■みんなで安全を支える（安心減災都市）

（数値目標）さいたま市に「災害に強く、治安のよいまち」というイメージを持っていると回答した市民の割合32・0％（市民意識調査による）

「さいたま市総合戦略」の実現には、私たちにとって実に大きな意味があります。本書の冒頭で述べた通り、国は国土形成計画に基づいて「首都圏広域地方計画」を策定しました。これは新しい首都圏を実現しようというもので、計画には「東北圏・北陸圏・北海道連結首都圏対流拠点の創出プロジェクト」があり、西日本の玄関口として品川を、東日本の玄関口として大宮を位置づけています。

私たちは今、「さいたま市総合戦略」を「さいたま市成長戦略」、国の「首都圏広域地方計画」と一体的に進めようとしています。国の後押しを受け、あるいは国と連携してまちづくりを進め、地域経済を活性化し、広域的な都市の機能性・利便性を高めます。

可能性と成果——誇りと絆のまちづくり

北陸新幹線の延伸や北海道新幹線の開通で、首都圏と東北圏、北陸圏、北海道の連携・融合が期待されています。国の「首都圏広域地方計画」に位置づけられた「東北圏・北陸圏・北海道連結首都圏対流拠点の創出プロジェクト」は、大宮についてこう評価しています。

「東北、北陸、上越方面からの新幹線が集結する大宮は、東日本から多種多様な人やモノが集結して交流する最初の玄関口であり、各圏域が連携・融合する対流拠点としての役割を果たすとともに、首都直下地震の発災時には首都圏のバックアップ拠点の最前線となる。このため、東日本のネットワークの結節点として連携・交流機能の集積・強化を図るとともに、災害時のバックアップ拠点機能の強化を図る」

私たちはすでに、東日本の自治体と連携を深めるために動き出しています。２０１５（平成27）年10月に、「東日本連携・創生フォーラム in さいたま」を大宮で開催。函館市から新潟市、金沢市などさいたま市を含めて13市が参加しました。各地域の魅力を協力して国内外に発信し、広域的な連携を進めることを確認。「東日本連携・創生フォーラム宣言」を採択しました。

また、「さいたま市成長戦略」と「さいたま市総合戦略」の施策を、国のプロジェクトと一体で進めるために協議を進めています。私は、さいたま市発展の強力なエンジンとなると考えており、新幹線の大宮駅始発の新設、大宮駅の乗り換えの利便性改善を含めた駅機能の高度化、大宮駅前広場を中心にした交通基盤整備、駅前広場に隣接する街区のまちづくりを三位一体で推進する「大宮駅グランドセントラルステーション化構想」などの実現を積極的に推進します。

また、「さいたま市総合戦略」には、さいたま新都心の広域防災拠点機能の拡充を盛り込みました。これは首都直下地震などの発災時、首都機能の早期復旧支援を図るため、さいたま新都心周辺を国の災害応急部隊の集結拠点化する事業で、国との連携を視野に入れたものです。

第4章

「運命の10年」の先へ、さいたま市の未来

New stage

さいたま市の新しいステージへ

さいたま市は２００１（平成13）年5月、浦和・大宮・与野市が合併して誕生しました。その2年後、全国で13番目の政令指定都市になり、２００５（平成17）年４月に岩槻市を編入して、現在の姿になりました。

私が市長になったのは２００９（平成21）年。さいたま市が誕生して8年目のことです。思えば、さいたま市にとって最初の10年は、旧４市がまとまっていくために必要な期間でした。それは、私たちが家族や地域との絆を取り戻し、さいたま市に暮らす誇りに気づくための時間だったと感じます。

市長2期目。市民満足度90％以上を目指す「さいたま市ＣＳ90運動」をスタートさせました。これは、行政と市民や企業のみなさんが手を携えて「一つのさいたま市」へ向かうための目標です。市民のみなさんが「住みやすい」と感じる都市は、さいたま市以外のみなさんから「選ばれる都市」でもあります。

さまざまな取り組みを進める中で、さいたま市が政令指定都市としてのあり方や果たすべき役割を自覚する時期にあると、私は感じています。さいたま市がまとまるための期間を第1期とすれば、現在は第2期であり、「さいたま市CS90運動」は繰り返し指摘してきた「運命の10年」へのキーワードでしょう。

そして第3期は、さいたま市が政令指定都市として、世界の中で、東日本の中でしっかりと役割を果たし、世界や東日本のさまざまな地域へ貢献する時期だと考えています。こうした意識を持って取り組むことが、やがてさいたま市の利益につながり、ひいてはさいたま市が「選ばれる都市」、「住みやすい都市」になるのです。そして、市民満足度90％以上へと導くのだと考えています。

国の「首都圏広域地方計画」は、私たちにとって強力な追い風です。人口がピークを迎えるまでの10年、さいたま市は投資など積極的な取り組みがまだ可能です。国としっかり連携して、着実に進めていかなくてはなりません。

世界からみたさいたま市の役割

なぜ政治家を、市長を目指したのかと問われれば、私は今も「世界から戦争や飢えをなくすため」と答えます。さいたま市と結びつかず戸惑う人もいるでしょうし、格好だけだと反発する人もいるかもしれません。

しかし、さいたま市にはこんな素晴らしい国際貢献の実績があります。

ラオスという国をご存知でしょうか。さいたま市水道局は、20年以上にわたって水道事業分野でラオスの首都ビエンチャンを支援しています。1992（平成4）年に始まり、専門家の派遣や研修員の受け入れ、調査団員の派遣などを継続的に行っています。さいたま市への信頼の厚さは日本へのそれにも勝ります。地方自治体も国際社会の中で、しっかりとした貢献ができることを肌で感じ、本当に感動しました。


国際的に活躍する人材を育成するために、私たちはすでに動き出しています。

新しい英語教育「グローバル・スタディ」が平成28年度から全ての市立小中学校で始まりました。小学校1年生から中学校3年生までの9年間を一貫したカリキュラムで学び、聞く、話す、読む、書くの4つの力をバランスよく身につけます。

また、私たちは、2007（平成19）年4月に市立浦和中学校を市立浦和高校に併設する形で、中高一貫教育校を開校しました。これを経て、グローバル化先進校の市立大宮西高校を対象に「中等教育学校」を設置、２０１９（平成31）年４月の開校を目指しています。中等教育学校は６年間の系統的、継続的な教育によって中高一貫教育の利点を最大限に生かすことができ、私たちは世界へ飛躍するグローバル人材を育成します。また、国際的に通用する大学入学資格（国際バカロレア資格）を取得できる国際バカロレアの認定校を目指しています。

そして、姉妹・友好都市提携を結んでいる海外の都市も重要な手がかりになるでしょう。教育、スポーツ、文化などの分野にとどまらず、今後はさらに交流の幅を広げる必要があります。

ビジネスの分野ではすでに、ドイツ・バイエルン州の産業クラスター「クラスターメカトロニック＆オートメーション」などを窓口にして、さいたま市の企業とドイツ企業との技術交流を進めています。また、スポーツビジネスでは、さいたまスポーツコミッションがオランダのスポーツコミッション「ロッテルダムトップスポーツ」と、アジアとヨーロッパにおける国際的なスポーツイベント情報の共有などを目的に連携協定を締結しています。

さいたま市が果たせる役割が国際社会の中にも確実にあります。特に、国際社会で活躍できる人材の育成が重要だと、私は考えています。大きな予算を割くことはできないかもしれませんが、地道に、着実に取り組みを積み重ねることが大切です。

東日本の「対流拠点」としての役割

国の国土形成計画は「対流」をキーワードにしています。私は、その意味を「さまざまな個性を持つ地域が相互に連携して生じる地域間の人、モノ、情報の双方向の動き」と考えています。そして、地域の個性の違いが際立つほど、その対流はダイナミックになると思っています。

さいたま市の個性、強みの1つは交通の利便性です。特に東北、上信越、北陸方面からの新幹線が集結する大宮駅と、間もなく全線が開通する圏央道を含めた高速道路網が強みです。こうしたことから、私たちはさいたま市を東日本の入口、ゲートウエイ（玄関口）などと表現し、「東日本の中枢都市構想」を「さいたま市成長戦略」の7つのプロジェクトの1つとしています。

東日本連携・創生フォーラムを開催しました

国は、同様の視点からさいたま市を「対流拠点」に「東日本のネットワークの結節点として連携・交流機能の集積・強化を図るとともに、災害時のバックアップ拠点機能の強化を図る」として、「東北圏・北陸圏・北海道連結首都圏対流拠点の創出プロジェクト」に位置づけました。

私は、これからのさいたま市には、首都圏と東北圏、北陸圏、北海道を結びつける触媒になることが大切だと考えます。さいたま市が、あるいは首都圏だけが発展すればいいのではなく、これらの地域をつなぐネットワークの要「対流拠点」になって東日本全体で発展していくことが重要です。

そのためには結節機能をさらに充実させ、最大限に生かさなければなりません。交通の利便性をさらに向上させるとともに、さいたま市と交流する価値を東北圏、北陸圏、北海道のみなさんに理解していただき、さいたま市と交流することが自らの成長や発展につながると期待していただくことです。

交通の利便性向上では、新幹線の大宮駅始発の新設、大宮駅周辺の開発、「大宮駅グランドセントラルステーション化構想」などが重要ですし、長距離バスターミナルの整備も推進します。

さらに、東日本の都市との連携強化です。先に述べた「東日本連携・創生フォーラムinさいたま」は大きな成果でした。東日本を走る新幹線の沿線自治体の市長さんと意見を交わし、「大宮に情報発信拠点をつくろう」「大宮駅始発を新設させよう」などが話題になり、さいたま市への期待の大きさを実感しました。

私は今後、こうした期待にしっかりと応え、人口約１２８万人のさいたま市をただ通り過ぎるだけの都市ではなく重要なマーケットとして活用していただけるようまちづくりを進めていきます。

政府は外国からの訪日客を２０２０（平成32）年に４千万人、２０３０（平成42）年に６千万人へ増やすとしています。しかし、東京や大阪など大都市にある国際空港だけでは、これだけの訪日客を受け入れることはできないでしょうから、地方空港の活用が必要になります。

さいたま市は成田空港や羽田空港へのアクセスに加え、新幹線を使えば新潟空港や仙台空港と、圏央道が開通すれば茨城空港とも結ばれます。つまり、空港を持たない「臨空都市」になるのです。

多くの訪日客がさいたま市を訪れ、外資系企業の進出も期待できるでしょう。私たちは国際化を視野にまちづくりを進める必要があります。

また、東日本の各都市、埼玉県や周辺の自治体との連携強化も重要です。例えば東日本の地域や川越市、秩父市などと連携することで、東日本のゴールデンルートや県内の観光振興の充実を図ります。

さいたま市CS90運動が目指す意味

市民満足度90%以上を目指して「さいたま市CS90運動」が進んでいます。まずは市役所からスタートし、やがて市民や事業者のみなさんへとさいたま市全体へ広げていこうと考えています。

私たちが目指しているのは、90％以上の市民のみなさんにさいたま市は「住みやすい」と実感していただけるまちづくりです。「行政サービスがよい」ということではありませんから、私たち行政の力だけで達成するのは困難です。

市民満足度について考えるとき、私はキャッチフレーズに掲げている「もっと身近に、もっとしあわせに」が示す意味を思います。

昨年10月に開いた「しあわせ倍増・行革推進プラン市民評価委員会報告会」で、ある委員の方が評価委員会の活動を振り返って、こんな感想を述べられました。深く印象に残っているので紹介します。

「（評価委員会が）回を重ねるごとに、自分の生活の身近にはなかった行政に関心が持てるようになり、委員会への見方が変わってきたと思います。専門的な知識のない専業主婦の私が、その目線から感じたことを意見として発言できる機会を与えられたことに感謝しています。

これからも、自分の住んでいる地域のため、さいたま市の発展のため、行政に関心を持ち続け、微力ながら協力していきたいと思っています」

思えば、「もっと身近に」は、自分のまちや地域との距離感を考えようという、さいたま市に暮らす私たち一人一人への呼びかけなのです。距離感とは関係性と解釈してもいいかもしれません。ときには行政と市民のみなさんとの距離・関係性であり、地域社会と市民のみなさん、あるいは市民のみなさん同士の距離・関係性でもあります。

私は市長に就任して以来、防犯パトロールやチャレンジスクール事業など市民のみなさんの力をさいたま市のために生かしていただく、さまざまな協働型事業に取り組んできました。まちづくりの主体は行政だけではありません。これからは行政があらゆる公共サービスを担うのは難しい時代です。事業を実施するには、市民や自治会、地域団体、NPO、事業者などのみなさんとの協働が欠かせません。

協働を担っていただくみなさんには、わずらわしい手間を負担していただくことになりますが、それが地域の絆の再生につながっています。例えば防犯パトロールで子どもたちと接することで喜びを感じている方も少なくないと思います。

私は、こうしたかかわりを通して「自分の住んでいる地域のため、さいたま市の発展のため、行政に関心を持ち続け、地域のために協力していきたい」と考えるみなさんを増やしていきたいと思っています。

まちづくりにかかわる人、さいたま市や自分が暮らす地域を知ろうとする人などを一人一人増やしていくことが、「さいたま市ＣＳ90運動」に取り組む本当の意味だと思います。そして、その結果が「住みやすい」と感じる人が90％以上のさいたま市の姿だと考えています。

公民連携――事業者のみなさんとのコラボ

企業の名前が表示された歩道橋をみかけたことがありませんか。これは、私たちが取り組んでいる公民連携の１例で、ネーミングライツの取り組みです。２０１６（平成28）年６月現在で、こうした歩道橋が市内に９カ所あります。ネーミングライツは駒場運動公園競技場を「浦和駒場スタジアム」、大宮公園サッカー場を「ＮＡＣＫ５

スタジアム大宮」と呼ぶようになったことで知られています。

私たちは今後こうした公民連携の取り組みをさらに加速していきます。その中心になるのが「提案型公共サービス公民連携制度」で、私たちが決めたテーマに対して、事業者やＮＰＯのみなさんからアイデアを募っています。

公民連携をさらに進めるために、相談や意見交換などに応じる窓口として「さいたま公民連携テーブル」も設置しました。事業者やＮＰＯのみなさんがどんなアイデアを持っているのか、どんな分野で公民連携を望んでいるのかなどについてコミュニケーションを図りながら学び、取り組みをさらに進めます。

公民連携は、大きな事業ばかりを狙ってもなかなかうまくいかないものです。小さなものでも一つ一つ積み上げれば、財政の大きな助けになると考えています。

２０２０東京オリンピックとさいたま市

２０２０（平成32）年、東京オリンピック・パラリンピックが開催されます。さいたま市では、２つの競技が予定されており、埼玉スタジアム２〇〇２でサッカーの一

子どもたちのために、日本一笑顔があふれるまちへ

部の試合が、さいたまスーパーアリーナではバスケットボールが行われます。特に、バスケットボールはさいたま市で予選から決勝までが行われる予定ですし、プロ選手も参加しますから人気競技になるでしょう。男子アメリカ代表がドリームチームでやってくることにでもなれば、さらに人気が沸騰するはずです。

国内外からたくさんの選手や観戦客がさいたま市を訪れます。また、スポーツの祭典は、子どもたちに大きな夢や希望を与えてくれるでしょう。この貴重な機会を生かして、さいたま市の魅力や良さを発信し、さいたま市に「来てよかった」「また来てみたい」と感じていただくことが大切です。まちづくりにも大いに役立てたいと考えています。

日本はかつて、東京オリンピックを契機に高度経済成長を遂げました。2020年大会を日本全体にとって、そしてさいたま市にとっても大きな飛躍のきっかけにしたいと考えています。

国の首都圏広域地方計画（国土形成計画）は、具体的な取り組みとして「国際的な結節機能の充実」「対流拠点機能の集積強化」「災害時のバックアップ拠点機能の強化」

を挙げています。私たちもこれに連動させて、いくつもの事業を計画しており、その実現に向けては東京オリンピック・パラリンピックと、その後が視野にあります。例えば岩槻人形博物館（仮称）の整備、大宮区役所の新庁舎整備、防災公園街区整備のほか、ホテルやコンベンション施設の充実、長距離バスターミナルなど交通機能の充実などです。

また、推進本部を設置して「おもてなしビジョン（案）」を策定するなど、東京オリンピック・パラリンピックへ向けて準備を進めています。

２０２０年、そして２０２５年

私は２０２０（平成32）年を、別の意味からも大変に重要だと考えています。それは、市政運営の最も基本となる「さいたま市総合振興計画」の目標年次にあたるからです。そして、この年は、私が再三述べてきたさいたま市の「運命の10年」の中間点でもあり、その先のさいたま市のあり方を評価すべき時だからです。

繰り返しになりますが、東京オリンピック・パラリンピックの5年後、さいたま市には大きな転機が訪れます。

さいたま市の人口は現在128万人を超えており、国の推計を大きく上振れして増えています。私たちの独自推計では、増加傾向はまだしばらく続くものの、2025（平成37）年をピークに減少に転じます。

また、さいたま市ではこの年、団塊の世代が後期高齢者（75歳以上）の仲間入りをしますから、以降は医療介護サービスの需要が大きく膨らんでいくことが見込まれています。

オリンピックの開催年は「運命の10年」の中間点です。

私たちは、さいたま市の人口増加の状況や見通し、高齢化や少子化の進展の状況をもう一度見極め、それまでのまちづくりの成果をきちんと評価して、さらにそこから先のまちづくりについてしっかりと検討する必要があります。

私は「運命の10年」が極めて重要であると繰り返し述べてきました。この10年の取り組みが、2025（平成37）年から先のさいたま市を大きく左右するからです。

そして今、私たちは「選ばれる都市」「しあわせ実感都市」を目指してまちづくりを進めています。私には、この道こそが予想される少子化や高齢化の影響をできるだけ緩やかにするための最善の方策だという確信があります。

市民のみなさんの90％以上がさいたま市を「住みやすい」と感じているさいたま市を、私は市民のみなさんとの絆と誇りをもって実現します。

もっと身近に、もっとしあわせに――２０５０年のさいたま市

■東日本と連携したモノ・人・情報が最も集まる都市

２０５０年――東日本の玄関口である大宮駅は成田、羽田の両国際空港と、さらに新潟や仙台などの地方空港とも新幹線や鉄道で90分ほどで結ばれています。今では、東日本の観光地へ向かう外国人観光客は、さいたま市に滞在する機会が大幅に増加しました。例えば、成田空港から直通でさいたま市を訪れ、ツール・ド・フランスさいたまクリテリウムを観戦する外国人が目立ちます。その後は新幹線などで輪行して、各地を自分の自転車で旅をするのが人気のスタイルです。

東日本は外国人観光客に人気のエリアになりました。そのゴールデンルートの出発地は大宮駅です。さいたま市は訪日して最初の宿泊地としてにぎわっています。そして、氷見のブリや函館のイカなど東日本各地から美味しいものが続々と集まり、人気のグルメスポットです。

今や新幹線ダイヤの3分の1ほどが大宮駅始発です。成田、羽田空港へ直通運転する鉄道路線も開業しています。上野東京ラインなどの在来線が一層充実して、西日本の玄関口といわれる品川駅とも強力に結ばれ、大宮駅は東日本だけでなく中日本、西日本を結ぶ結節拠点になりました。また、高速道路網も充実しました。首都高速、関越道、東北道、常磐道が圏央道と東京外環道で結ばれています。長距離バスターミナルが整備されたことで、さいたま市の交通利便性は一段と向上しました。

大宮駅周辺は一大ビジネス・商業ゾーンです。東日本に生産拠点を置く企業の本社や研究開発拠点が集積し、空室率は極めて低い状況が続いています。ホテルやコンベンション施設も整備され、見本市や商談会が数多く開催されています。企業のテストマーケティングのエリアともなっており、ヒト・モノ・情報が、このエリアに集積しています。

さいたま新都心周辺は、高度医療施設や行政機関のほか、さいたまスーパーアリーナを核にしたコンサートやスポーツ観戦の人気スポットになりました。

浦和駅周辺は、県都の顔であり文教都市らしくさまざまな文化イベントが開催され、文化施設や商業施設はいつもにぎわっています。

■日本一の安全な防災都市

高い防災機能を備えた見沼セントラルパークは、国土交通省の緊急災害対策派遣隊の拠点になっており、大規模災害時には東日本各地から支援物資が集まってきます。さいたま新都心周辺はさいたま赤十字病院や県立小児医療センター、自治医科大学医療センターがあり、災害時にも高度な医療を提供する環境が整っています。

また、大規模災害を想定した陸上自衛隊大宮駐屯地との連携も進み、荒川の緊急用河川敷道路を活用するなどの対策が進んでいます。

さいたま市は地域防災力でも全国から注目されています。市内全ての避難場所には運営委員会が組織され、防災士（防災アドバイザー）と連携した訓練が定期的に行われているほか、高層マンションの災害対策や助け合いの仕組みづくりも進んでいます。

■日本一の教育文化都市

さいたま市は、日本一の教育都市としても全国から注目されています。全国に先駆けてスタートしたグローバルスタディ科（英語）などの取り組みによって、世界で活躍する人材を数多く輩出し、学力は政令指定都市の中で長年トップを走り続けています。こうしたことから、さいたま市で教育を受けさせるために転居してくる方も少なくありません。

日本一安全で美味しいと評判の学校給食は食育の充実につながり、図書館の利用も盛んで図書の貸出数や予約数、蔵書数でも全国トップクラスです。こうしたことが教育都市としての礎になっています。

チャレンジスクールやスクールサポートネットワークなど、地域のみなさんが子どもたちの教育や学校の支援に積極的で、交通安全、防災、防犯、非行防止などの大きな力になっています。地域の支えの中で育つ子どもたちは、夢や目標をしっかりと持っていて、その割合は全国トップクラスになっています。

■環境未来都市

スマートホームやスマートコミュニティは今や全国でも珍しくはありません。そこには、さいたま市で培われたノウハウが生かされています。水素社会の到来へいち早く対応してきたことが環境技術産業の育成につながり、さいたま市は温暖化対策の先進都市ともいわれています。

見沼田んぼは先人の英知と努力をしっかりと受け継ぎ、今も自然があふれる首都圏有数の緑地空間です。農業生産の拠点としても、また、環境や観光などでもその価値が注目されています。

春、日本一の桜回廊はそれは見事です。満開の桜に誘われて多くの市民のみなさんや大勢の観光客が訪れ、ウオーキングなどを楽しんでいます。夏には見沼田んぼの周辺や氷川神社にはホタルが舞います。いつの頃からだったでしょうか。市民団体のみなさんの協力で自然環境が回復し、ホタルは夏の風物詩になりました。

■日本一のスポーツ都市、健幸都市

市民のみなさんはいつも元気です。スポーツを活用したまちづくりは、元気で笑顔があふれる健幸都市を築きました。週1回以上スポーツをする人の割合は75％を超え、さいたま市は日本一健康で、長寿のまちになっています。

「健康マイレージ」の利用で意識が高まり、働き盛りの世代のメタボリックシンドロームや生活習慣病は大幅に減少しました。高齢者のみなさんも元気に働き、学び、地域社会に参加し貢献してくれています。さいたま市の暮らしにはさまざまな社会参加の機会があり、それが生きがいややりがい、そして幸福感にもつながっているようです。

ツール・ド・フランスさいたまクリテリウム、さいたま国際マラソンは市民にしっかり根付くとともに、全国から大勢の参加者や観客がやってきて、ますます成長しています。さいたま市はスポーツ都市として世界中から注目され、さまざまな国際大会が開かれるようになりました。加えて、滞在型総合スポーツトレーニング研修施設「スポーツシューレ」を整備したことで、国際スポーツタウンとしての機能が一層向上し、プロ・アマのトップチームがさいたま市に拠点を置くようになり、スポーツビジネスも盛んになり、日本のスポーツ産業をけん引する都市にもなっています。

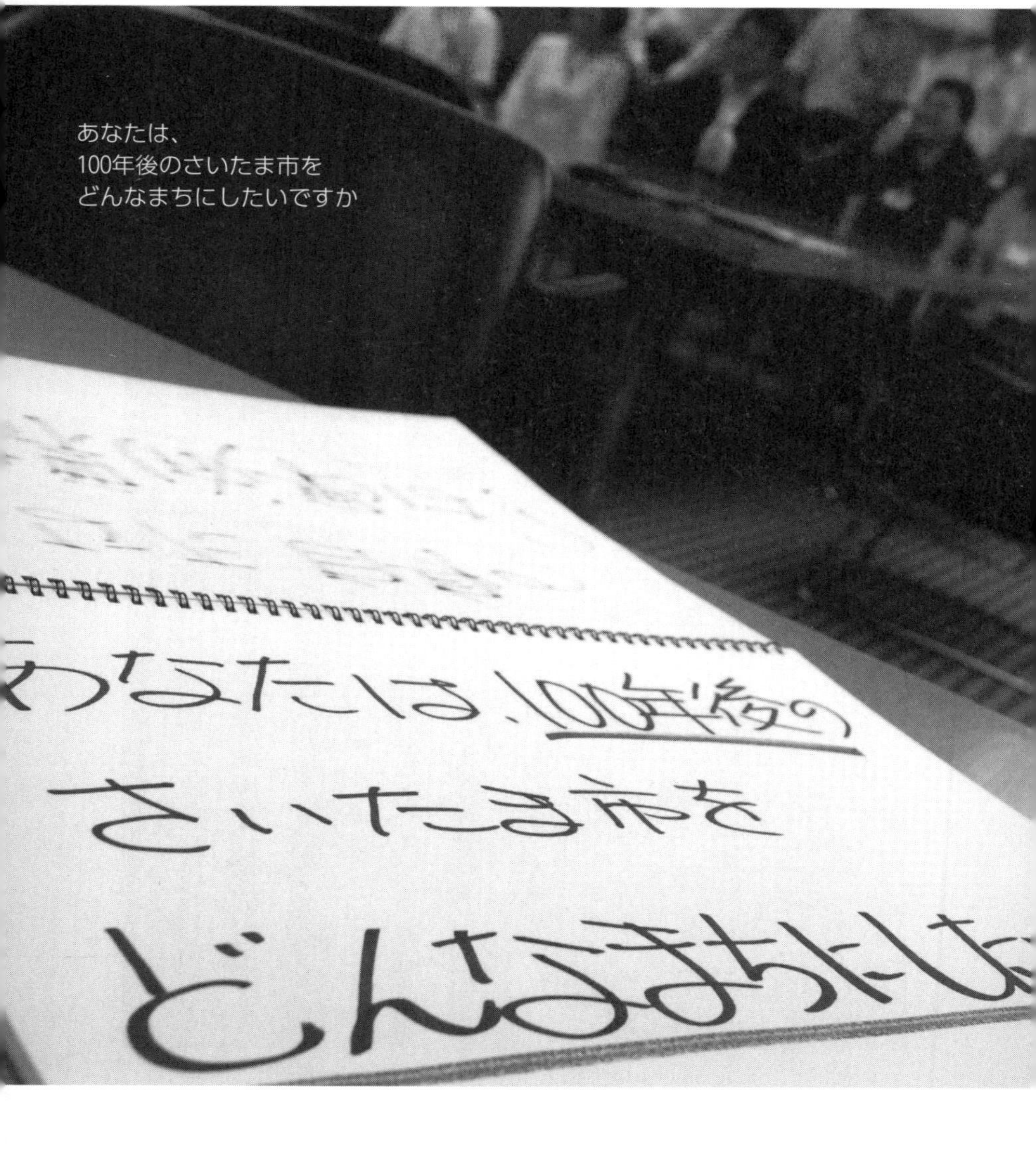
あなたは、
100年後のさいたま市を
どんなまちにしたいですか

■行政のあり方——市民・事業者との協働

さいたま市はさまざまな事業を、行政と企業、市民のみなさんが役割分担して一緒に汗を流し、協働で行っています。それを支えるのが市民のみなさんのボランティア意識の高さです。ボランティア制度に登録している割合は人口の25％を超えており、小学生から高齢者までがさまざまな活動に参加しています。

また、市内の企業はCSR（企業の社会的責任）活動に積極的で、半数以上がさいたま市のCSR認証制度の認証を取得しています。こうした企業意識が、さいたま市の公民連携を支える大きな力になっています。

■行政経営システム——さいたまシティスタット

ビッグデータや市民のみなさんの声を生かす新しい都市経営システム「さいたまシティスタット」が確立されています。これは日々の活動を数値で計測し、得られたデータに基づいて業務の改善点や問題点の発見と解決を迅速に図るものです。これによって、タイムリーに「さいたまシティスタット会議」が開催され、課題への対応が可能になりました。

こうした取り組みが進んで、市民のみなさんへの行政サービスが向上しただけでなく、職員のワーク・ライフ・バランスが改善されました。残業が減り、家族と過ごす時間や趣味の時間が増え、地域活動などに参加する機会も増えています。自治会長やスポーツ少年団の指導者など、さまざまなボランティアとして地域で活躍している職員が大勢いるのがさいたま市の特長です。職員が地域社会の一員としての高い意識を持つことで生まれる発想力や企画力などが、地域活動だけでなく日々の業務にも生かされています。

こうした積み重ねが、さいたま市の絆と誇りを育ててきました。あの頃目指していた「市民満足度90％以上」という目標が遠い昔の話のようです。今や、さいたま市を「住みやすい」「住み続けたい」と感じる割合は95％を超えています。もう数値の評価は不要なのかもしれません。この「しあわせ実感都市」は行政と市民、企業のみなさんが共に汗を流してつくったのですから、みなさんの心が本当の評価です。

あとがき

運命の10年プロジェクト――今年3月に発表された「首都圏広域地方計画」の中で、そう名付けられている。これからの10年で、未来の日本がどのようになっていくのかが決まる。

私は今、さいたま市に大きな追い風が吹いていると感じている。本書ではその風を受け、運命の10年の中で何をしていくべきなのかを書いたつもりである。

「もっと身近に、もっとしあわせに」というキャッチコピーは、職員公募の中からこれしかないと、私が選んだ。「もっと身近に」には、市民からみた行政がもっと身近なものにという思いと、市民同士が、市民と事業者が、市民とさいたま市がもっと身近なものにという思いが重なる。そして、それが実現すれば、市民のみなさん一人一人が「もっとしあわせに」なる、という願いが込められている。

本書では、客観的な評価という視点から数値やデータを多用した。だが、本当に大切なのは数値の向こう側にある「ひと」だ。私は市民のみなさんの声をもっと聞きたい。

Conclusion

共に汗を流し、共に感じて共に考えたい。「もっと身近に」は私の心からの願いである。市民満足度83・2％は、市民や団体、事業者、そして行政の日々の積み重ねの結果だ。ここからさらに90％以上を目指す道程は険しいだろうが、これまでのように、これまで以上に懸命に積み重ねれば必ず達成できると信じている。その時、さいたま市は首都圏、東日本、日本全体、そして世界の中でさまざまな役割を果たし、貢献する都市へと踏み出しているはずだ。

運命の10年。この大切な時を確実に前進させていかなければならない。

最後に、地域環境ネットの阿久戸嘉彦氏、埼玉新聞社の青柳英昭氏のご尽力に感謝を申し上げたい。日頃私を支えてくれている職員とスタッフ、何よりも市民のみなさんの協力なしに本書は生まれることはなかっただろう。本当にありがとうございました。そして、いつも私を支えてくれる妻、そして二人の息子たちに感謝したい。

平成28年11月

清水 勇人

認証企業数66社(H27年度現在)
・市立病院ESCO・防災エネルギーセンターの稼働(H28年度)
・官民協働による公共施設の清掃美化活動などの維持管理、アダプト制度の導入活用
→公園(公園におけるアダプト制度)=245公園(H27年度)
→道路(さいたまロードサポート制度)=104団体(H27年度)
・自動販売機設置業者の公募の実施228台(H28年4月1日現在)
・ネーミングライツの活用
→浦和駒場スタジアム=浦和レッズ、NACK5スタジアム=NACK5、歩道橋=8橋(H27年度末)
・広告掲載による財源の確保(H22年度より)
・郵送センターの設置・運営開始(H24年度)
・総務事務センターの開設(H24年度)
・指定管理者制度の推進247施設(H28年4月1日現在)
・区役所窓口業務の委託化(H24年度より)
・保育園用務業務の委託化(H27年度、計31園)
・PFI事業の推進。桜環境センター運用開始(H27年4月)、大宮区役所新庁舎整備事業・中等教育学校(仮称)整備事業(予定)
・出納室業務の委託化(H28年4月)
・市報さいたま編集業務委託化(H27年4月)
・図書館窓口業務11館の委託化拡大(H27年度末)

■生む改革

・行財政改革、財源創出額約680億円(H22～24年度)、約604億円(H25～28年度見込み)
・コンビニエンスストアでの各種証明書の発行開始(H24年11月)
・区役所窓口満足度アンケート調査(H26年度より)。満足度97.2%(H26年度)→97.7%(H27年度)
・サッカープラザ白紙撤回(H21年度)
・たらいまわしにならない――各区に「くらし応援室」設置(H21年7月)
・民間人の登用9名(H28年度現在)
・各区役所のフロアアドバイザーの委託化(H22年度)
・市立病院の健全経営化への取組み(H22年度より)
・水道事業の健全経営化への取組み(H22年度より)
・下水道事業の健全経営化への取組み(H22年度より)
・東京事務所の再構築「シティセールスの推進拠点化」(H23年度)
・市立高校学校教職員の給与水準の適正化(H23年度)
・共通消耗品の集中調達・管理(H23年度より)
・さいたま市コールセンター等電話問合せ窓口の再構築(H25年4月より)。H30年度全区統合予定
・外郭団体の自立化、統合推進(8年間で22団体を14団体に統廃合)
・公共施設マネジメントの推進、第1次アクションプランの策定(H26年3月)
・市税等の収納率の向上。市税収納率96.7%(H27年度)
・国民健康保険の収納率の向上。現年度収納率90.2%(H27年度)
・公金の納付機会の拡大。コンビニエンスストア(H22年度)、クレジットカード(H25年度)、ペイジー口座振替(H27年度)
・手数料の見直し(H26年10月)
・公用車リース化75%(H27年度、消防局・水道局・病院・清掃事務所所管分を除く)

■人の改革

・一職員一改善提案制度の充実。398件(H21年度)→1万4131件(H27年度)
・45の窓口等業務の区役所への拡大(H23年度)
・職員満足度向上。62.4%(H22年度)→76.0%(H28年度)
・職員の働きがい向上。64.0%(H22年度)→75.5%(H28年度)
・外郭団体の長への市長・副市長の兼職を廃止(H21年度、社会福祉協議会を除く)
・やる気のある職員の積極登用・庁内公募制度の導入(H21年度より)
・外郭団体への自動的な天下り禁止(H21年度)
※「自動的な天下り」市の推薦に基づき、市OBが外郭団体の役職員へ就職すること
・区長マニフェスト(H22年度より)、明るい区役所運動の推進
・予算要求・人事配置等、区長権限の強化(H25年度)
・本庁と区の人事交流の活発化
・管理職への女性登用。女性の管理職比率18.0%(政令市中1位)
※内閣府「H27年度地方公共団体における男女共同参画社会の形成又は女性に関する施策の推進状況」より
・職員表彰制度の充実(H26年度)、組織・職員グループ表彰「市長のいいね!」創設(H27年度)
・昇任試験制度の導入(H27年度)

市政改革の実績

・大宮盆栽JAPANブランド化事業の実施（H24年度より）
・さいたま推奨土産品、B級グルメ、スイーツ、カクテル等のさいたま市の食をテーマとするイベント「さいたまるしぇ」開催（H24年度より）
・さいたま市文化芸術都市創造基金の設置（H27年4月）

■健康・スポーツ

・さいたまスポーツコミッションの創設（H23年度）。約375億円の経済効果（H23年10月～H27年度末）
・スポーツもできる多目的広場を47カ所設置（H27年度末現在）
・健康づくり総合サイト「食育・健康なび」構築（H23年度）
・健康マイレージ事業の実施（H28年9月）
・政令市全国初のさいたま市スポーツ振興まちづくり条例制定（H21年度）
・さいたま市スポーツ振興まちづくり計画策定（H23年度）
・海外のスポーツコミッションとの提携（H24年度）
・浦和駒場スタジアムのリニューアル、女子サッカーの聖地に（H24年度）
・大宮アルディージャの練習場の整備（H24年12月完成、H25年1月オープン）
・「さいたマーチ～見沼ツーデーウオーク～」開催（H24年度より）。参加者数延べ2万1181人
・「さいたまシティマラソン」から「さいたま国際マラソン」へ（H27年度より）。参加（申込）者数9899人、ボランティア数3689人
・ツールドフランスさいたまクリテリウム開催（H25年度より）。観客数延べ約39.8万人
・サイクルフェスタの開催（H25年度より）
・10区ウォーキング・ジョギングコースの設定
・介護予防事業の拡充（H23年度、シルバーポイント事業による一次、二次予防事業参加の促進）。一次参加者数5万4280人、二次参加者数1466人（H27年度）
・がん対策基本計画の策定（H27年度）

改革

・現場訪問等1084回（平成21年度～H28年10月17日現在）
→現場訪問538回（保健福祉施設等47件、子ども・子育て関係58件、企業61件、避難場所運営訓練16件、NPO等団体25件、ワークショップ・イベント等109件、市関係施設等222件）
→学校訪問324回
→タウンミーティング121回
→車座集会101回

■見える改革

【市政情報の整備・発信】
・全国市民オンブズマン連絡会議「情報公開ランキング」。政令市中最下位（19位）→1位（H24年度）
・行政サービスコストの提示（H22年4月より印刷物、イベント、工事などに表記）
・出前講座スタート（H25年6月）、498回開催（H23年11月～H28年9月）
・予算編成過程の公表指定都市中ランキング5位（H24年度）
・都市経営戦略会議の結果概要公開（H21年6月より）
・身近な道路（スマイルロード、暮らし道路）整備の要望状況、進捗状況等公開（H21年度より）
・さいたま市PRマスタープラン策定（H23年3月）
・市公式ツイッター（H23年3月）、Facebook開始（H24年6月）
・オープンデータ化の推進（H26年度）

【市民と行政の絆による市政運営】
・無作為抽出の市民による「行財政改革公開審議（市民参加型）」（H22年度開始）
・地域防犯活動団体28.1％増。611団体（H21年12月）→783団体（H27年12月）
・刑法犯認知件数36.7％減少。1万9657件（H21年）→1万2446件（H27年）
・市民の声データベースの構築（H25年度）。施策反映件数2724件（H25～27年度）
・しあわせ倍増プラン・行財政改革推進プラン市民評価委員会（外部評価）（H26年度より開始）
・学校安全ネットワーク（H22年度開始、H23年度全校で実施）
・市民の声モニター制度の創設（H25年度）
・施策PR動画の配信（H28年度）

【PPPの推進による市政運営】
・提案型公共サービス公民連携制度の実施、19事業の事業化（H28年9月現在）
→日経BP社の公民連携実態調査で全国1位
96.51点で「AAA」の格付け評価（H27年10月）
・企業・大学との連携・協定による公共サービスの充実。243件の協定締結。企業233件（H28年6月）、大学10件（H27年度末）
・企業のCSR活動への認証制度の創設（H24年度）。

年度)
・氷川緑道西通り線整備事業(H31年度供用開始予定)
・大宮駅周辺地域戦略ビジョン策定(H22年5月)
・地下鉄7号線の延伸。県と共同での早期着手に向けた取り組み
・浦和美園～岩槻地域成長・発展プラン43の方策を推進(H24年9月)
・浦和駅鉄道高架化事業。東西連絡仮設通路開通(H25年3月)
・湘南新宿ラインが浦和駅に停車(H25年3月16日より)
・日進駅(H22年3月)、指扇駅(H26年3月)、岩槻駅(H28年5月)の橋上化
・駅のバリアフリー化の推進。市内33駅中31駅においてエレベーターの設置完了(H28年9月現在)
・「さいたま市本庁舎整備審議会」設置(H24年度)
・南区役所、老人福祉センター、図書館、子育て支援センター、コミュニティセンター等の複合施設サウスピア開設(H25年1月4日)
・公民館(内野・善前・領家・尾間木)の新設・移転・改築
・民間住宅の耐震化補助事業の拡充(H24年度より)
・高さ制限を導入するための「高度地区」指定の推進
・ゾーン30を23地区で整備(H24～27年度)
・全市立小学校4年生を対象とした「子ども自転車運転免許制度」(H25年度より)
・総延長20km超の「日本一の桜回廊」の整備に着手(H25年度より)。約19.8km整備(H27年度末)
・緑区役所前を多目的広場に(H26年度)
・市民農園78カ所開設(H27年度末)
・市民活動を促進する「さいたまマッチングファンド制度」創設(H22年度)。助成実施25件(H22～27年度)
・12大学で構成する「大学コンソーシアムさいたま」、市と包括協定締結(H23年度)

■経済活性化・自立支援

・戦略的企業誘致83社(H21～27年度)
・東日本連携・創生フォーラム開催。オブザーバーを含めて17自治体が参加(H27年度)
・生活保護受給者等への就労支援のためハローワークの職業紹介機能等を有するジョブスポットを全3区に設置。新規求職者数2135人、就職件数1387件(H27年度)
・「大宮盆栽だー」開発支援・PR(H22年度より)。14万本の大ヒット(H23年度)
・テクニカルブランド企業認証事業からリーディングエッジ企業認証支援事業への発展・拡充(H26年度)。認証企業数33社
・さいたま医療ものづくり都市構想策定(H24年1月)、「さいたま市医療機器研究会」発足(H23年6月)
・生活自立・仕事相談センターを全区福祉課内に設置(H27年度)
・ジョブスポットを通じた就職件数4007件(H23～27年度)
・CSRチャレンジ企業認証制度(H24年度創設)。認証企業数66社(H27年度現在)

■安心・安全

・総合防災情報システムの構築(H24年度完成)、運用(H25年度)
・防災ボランティアコーディネーター581名、防災アドバイザー(防災士)503名が登録(H27年度末)
・避難場所運営委員会258カ所設置(H27年度末)
・首都圏広域地方計画(H27年3月策定)において、国の出先機関が集積する「さいたま新都心」付近が、TEC-FORCE(国土交通省緊急災害対策派遣隊)の進出拠点として位置付けられる
・地域防災計画の見直し(H27年度)
・さいたま危機管理センター構築のためオペレーションルームの整備(H27年度)
・救急隊の増員(H27年度末、280人)
・マンホールトイレの整備。計163校、1128基設置(H22～27年度)
・体育館等避難場所の非構造部材等の耐震及びバリアフリー化(H24年度より)
・さいたま市放射線対策専門委員会開催(H24年度)
・放射線測定機器の区役所での貸出開始(H23年度)
・空間放射線量測定および公表(H23年度より)
・原発災害関連研究チーム発足(H23年度)
・ゲルマニウム半導体検出器による食品中の放射性物質検査実施(H23年度より)
・配偶者暴力相談支援センターの設置(H26年度)

■文化芸術創造都市

・さいたま市文化芸術都市創造条例制定(H23年度)
・さいたまトリエンナーレの開催(H28年度)
・第8回世界盆栽大会の誘致(H29年4月開催予定)
・さいたま市文化芸術都市創造計画(H25年度)
・与野本町駅からさいたま芸術劇場までのアートストリートの整備(H23年度より)
・さいたま市ジュニアソロコンテスト開催(H23年度より)
・アートフェステバル開催(H24年度より)。市内8カ所で開催(H28年度)

開催（H24～27年度）
・軽中等度難聴児に対する補聴器購入費用の補助制度を創設（H25年度）
・障がい者就労支援施設等からの物品等の優先調達の推進（H25年度より）
・グループホームの設置促進（H25年度より）

■環境先進都市

・国の地域活性化総合特区「次世代自動車・スマートエネルギー特区」地域指定（H23年12月）
・スマートシティさいたまモデルの構築に向けた「公民＋学」連携組織、「美園タウンマネジメント協会」の設立（H27年8月）
・身近な公園40カ所整備（H21～27年度）
・太陽光発電市有施設30施設に設置、小中学校165校に設置。民間住宅への補助3万3294KW、8184件（H27年度末）
・ハイパーエネルギーステーションの普及
→災害時にも停止しないクリーンセンター大崎に余熱利用発電によるEV等に急速充電可能な設備を設置（H25年度）
→災害時にも停止しない東部環境センターに余熱利用発電により水素を供給する「スマート水素ステーション」を設置（H26年度）
→災害時にもEV等への急速充電が可能な設備を備えた「やまぶきメガソーラー」（岩槻区）設置（H25年度）
→「緑区間宮地区メガソーラー」設置（H26年3月）
→「ハイパーエネルギーステーション」計9カ所設置（H27年度末現在）
・電気自動車（EV）普及のための「E-KIZUNA Project」開始（H21年11月）
・第1回E-KIZUNAサミット・フォーラムinさいたま開催（H22年4月）。H28年11月、第7回をさいたま市で開催
・全国初のEVを活用した公用車のカーシェアリング実施（H22年12月）
・行政、大学、関係団体、民間企業などとの連携による「環境未来都市推進協議会」設置（H23年8月）
・全国初のEVタクシーの専用待機場の設置（H23年10月）
・HONDA、埼玉大学、芝浦工業大学との連携「スマートホーム・コミュニティ」実証実験スタート（H24年4月）
・低炭素型パーソナルモビリティの普及。国土交通省から「超小型モビリティ導入促進事業」の実施地域限定の認定を受け、HONDAと連携した実証実験を実施（H25年4月～H28年3月）
・まちづくりに係る情報発信・連携拠点「アーバンデザインセンターみその（UDCMi）」を開設（H27年10月）
・見沼基本計画策定（H23年1月）及び見沼アクションプランの策定（H24年3月）、実施
・見沼たんぼ担当部署「見沼田圃政策推進室」の設置（H24年10月）
・街路灯LED化2万2535灯設置（H27年度末時点）。そのほか、さいたま新都心駅東西自由通路のLED化等を実施
・芝生化40公園、学校16校、保育園60園。みどり倍増プロジェクトの推進（H21～27年度整備）
・路上禁煙推進モデル事業の開始（H25年5月）
・路上喫煙禁止区域及び環境美化重点区域の拡大。大宮・浦和・南浦和各駅周辺に北浦和・武蔵浦和・東大宮・宮原各駅周辺を追加（H23年度）
・コミュニティサイクルの実証実験（H22年度）、本格実施（H25年度より）
・「桜環境センター」開設（H27年4月）

■くらしやすいまち

・首都圏広域地方計画（H27年3月策定）の中で、「大宮」が東日本の玄関口とされ、東日本のネットワークの結節点としての連携・交流機能の集積・強化位置付けられる
・下水道普及率85.0％（H20年度末）→92.0％（H27年度末）
・身近な道路（スマイルロード、暮らし道路）整備。申請後、原則2年以内に測量着手。921件161km（H21～27年度）
・大宮駅東口大門町2丁目中地区第一種市街地再開発事業、事業認可（平成28年3月）。平成32年竣工予定
・浦和駅西口南高砂地区第一種市街地再開発事業、事業認可（平成26年1月）。平成32年竣工予定
・大宮区役所建て替え決定。PFI-BTO（設計・施工・維持管理運営）方式（H31年5月供用開始予定）
・自転車ネットワーク整備計画策定（H26年度）。約40km整備（H27年度末）
・自転車事故の減少。2567件（H22年度）→1449件（H27年度）
・東宮下調節池の整備（H25年度）
・高沼用水路の整備（H27年度末までに1.5km整備）
・水位情報システム設置。庁内用システム運用開始（H28年4月）、市民用システム運用開始予定（H29年4月）
・都市計画道路の見直し、道路網計画の策定（H24

・校庭、園庭の芝生化。小中学校・特別支援学校16校、保育園60園（H21～27年度整備）
・小中学校の耐震化前倒し実施（H24年度完了。非構造部材はH28年度完了）
・地元シェフによる学校給食を計106校で実施（H21～27年度）
・学校教育ファーム全市立小・中学校で実施（H24年度より）
・学校地域連携コーディネーター全市立小・中・特別支援学校配置（H24年度）
・スクールアシスタントを小中学校全160校に配置（H26年度）
・特別支援学級の設置。小学校53校、中学校29校増（H21～28年度）
・さくら草特別支援学校開校（H24年度）
・市立高校改革プラン「特色ある学校づくり」策定（H24年8月）
・土曜チャレンジスクールをはじめとしたボランティア・マッチングを容易にする「ボランティアシティさいたまWEB」導入（H23年度）。WEBを活用したチャレンジスクールへの派遣（マッチング）数93人（H27年度）
・全市立小学校に防犯カメラ設置（H23年度）
・AEDトレーナーによる防災教育推進事業。全市立中・高等学校で開始（H24年度、小学校ではAEDの位置・用途について教育）
・体育活動時等における事故対応テキスト～ASUKAモデル～の作成（H24年度）
・学校安全ネットワークボランティアの拡大。1万3千人・軒（H21年度）→2万3110人・軒（H28年度）。防犯ボランティア約1万7400人・子どもひなん所110番の家5500軒など、子ども安全協定による見守り活動68事業者・2万600車両（H28年度）
・スクールサポートネットワーク全市立小・中・特別支援学校で構築（H24年度）。学校支援ボランティア3万566人（H27年度末）
・さいたま市ひきこもり相談センター整備（H24年度開設）
・スクールカウンセラーを全市立小・高・特別支援学校に配置（H26年度、中学校はH14年度）、学校支援ボランティア3万566人（H27年度末）
・不登校児童生徒のうち、登校または好ましい変化があった割合54.6%（H27年度）

■高齢者・障害のある方へ

・60歳以上の方による老人福祉施設等へのボランティア活動をポイント化した「介護ボランティア制度（シルバーポイント事業）」開始（H23年度）。登録者数7551人、受入機関310施設（H27年度）
・65歳以上の方への買い物の割引や特典などを設ける「シルバー元気応援ショップ制度」1384店舗に（H28年10月18日現在）
・特別養護老人ホーム定員数1755人増（H22～27年度整備）、介護老人保健施設定員数650人増（H22～27年度整備）
・介護者サロン（H27年度、27カ所延べ利用者数4663人）、高齢者サロン（H27年度、40カ所）の推進
・政令市全国初のノーマライゼーション条例制定（H23年度）
・移動支援事業の利用範囲の拡充（H23年度より）
・さいたま市立・公的病院の整備・拡充
→さいたま市立病院の整備（H31年度開設予定）
⇒救命救急センターの設置等機能強化
→さいたま赤十字病院の整備（H29年1月開設）
⇒県小児医療センターと連携し総合周産期母子医療センター機能等の充実
⇒災害時の防災拠点として迅速な救命救急活動
→JCHOさいたま北部医療センター（H30年度開設予定）
・65歳以上の方による介護予防などの活動への参加をポイント化した「長寿応援制度（シルバーポイント事業）」開始（H24年度）。登録者数2万4873人、登録団体1959施設（H27年度）
・75歳以上の方に対し、市立美術館やプール等を割引・無料化し外出機会を促す「アクティブチケット制度」開始（H24年度）。交付者数1万709人、利用枚数4万7535枚（H27年度）
・シニアユニバーシティ学科の新設、定員増（H22年度）
・公認グランド・ゴルフ場詳細設計（H27年度）
・介護者の相談、癒しの場（地域包括支援センター）の年中無休化（H22年度より）
・配食サービス週4回から5回へ（H22年度より）
・緊急時安心キットの配布（H23年度より）
・高齢者・障害者権利擁護センター設置（H24年度）
・介護予防高齢者住環境改善支援事業（H24年度より）
・ノーマライゼーション条例の権利擁護専門委員会の設置、市民会議の開催（H23年度より）
・障害児通園施設「はるの園」整備（H23年度）
・障害者の民間賃貸住宅入居支援など24時間サポートを実施（H23年度より）
・市登録の手話通訳者の増員をはかるための養成講習会を実施（H23年度より）
・障害者工賃増額モデル事業（H24年度より）
・「さいたま市ノーマライゼーションカップ」4回

希望《ゆめ》・誇り

■身近な区政

・各区の花を制定（H22年度）
・ヌゥと区の花をデザインしたオリジナルナンバープレートの導入（H23年度）
・住民票に使用する改ざん防止用紙を区の花をデザインした用紙に変更（H23年度）

■子育て　※＜　＞内はH28年4月1日現在の総数

・認可保育所等。施設数127件増＜247件＞、定員数6841人増＜1万7344人＞（H21～27年度整備）
・放課後児童クラブ。施設数63件増＜218件＞、入室児童数2964人増＜9633人＞（H21～27年度整備）
・（仮称）さいたま子ども総合支援センター建設工事着手（H27年度）
・タンデムマス法による新生児マス・クリーニング検査（H24年度より）
・不妊治療支援事業の拡充。男性不妊治療への拡大（H28年度）
・妊娠・出産包括支援センターの段階的設置（H28年度、中央区・見沼区・緑区）
・さいたまパパスクール開始（H22年度）
・親の学習事業全公民館で実施（H24年度より）
・父親の育児参加促進事業「パパサンデー」の実施。参加者数延べ1万1893人（H27年10月～H28年9月）
・一日保育士、幼稚園教諭体験事業開始（H21年度）。延べ1万1003名が体験（H21～27年度）
・緊急時の預かり、病児の預かりなど子育て緊急サポート事業の実施（H23年度より）
・公立保育所給食提供用設備の整備（H24年度）
・保育コンシェルジュの全区設置（H25年度）
・単独型子育て支援センター全区10カ所に設置（H24年度）。利用者数延べ129万4454人（H22～27年度）
・児童虐待をなくそう！児童相談所の強化（9係72名＜H28年度＞【児童福祉司・児童心理司の増員、警察からの出向職員・保健師等の配置】）
・ナーサリールーム等市認定保育施設。施設数11件増＜102件＞、定員数1249人増＜3,803人＞（H21～27年度整備）
・乳幼児の子育て支援を中心とした複合施設「のびのびプラザ大宮」開設（H25年4月）
・保育士不足解消を図る潜在保育士の現場復帰を支援する再就職セミナーを実施（H27年度）
・保育士確保のため保育士用宿舎を借り上げるための補助制度を創設（H28年度）
・市内保育施設への就労に結びつける「保育士採用プロモーション活動」実施（H28年度）
・特別支援学校の放課後児童クラブへの運営費加算による支援強化（H23年度より）
・大学と連携した「キッズ・ユニバーシティ・さいたま」の実施（H23年度より）
・「若者自立支援ルーム」開設（H25年8月）

■教育

・全市立小中学校に給食施設整備完了（H27年度）
・グローバル・スタディ科を全市立小・中学校で開始（H28年度）
・市立高校の特色ある学校づくりの推進。市立浦和高＝中高一貫（H19年度）、浦和南高＝進学重視型単位制（H25年度）、大宮北高＝理数科（H26年度）、大宮西高＝グローバル化（H27年度）
・土曜チャレンジスクール全市立小・中学校で実施（H24年度）
・放課後・土曜チャレンジスクールの推進。参加児童生徒数＝放課後：11万8847人・土曜:6万3597人、ボランティア延べ4万9009人（H27年度）。満足度＝放課後：子ども95.2%・保護者98.7%、ボランティア98.8%。土曜（小学校）：子ども96.5%・保護者99.0%・ボランティア98.8%、土曜（中学校）：子ども95.9%・保護者94.3%・ボランティア97.5%＞（H27年度）
・いじめ・自殺サポートの配置。H28年度145人（スクールカウンセラー113人、スクールカウンセラースーパーバイザー6人、スクールソーシャルワーカー20人、精神保健福祉士6人）
・いじめのない学校づくり推進委員会設置（H26年度）
・全国学力・学習状況調査（H28年度）。学力：小学校7位・中学校3位（県内、H26年度）→小中学校1位（県内、H28年度）。夢や目標がある：小学校88.0%・中学校73.9%。自己肯定感：小学校85.2%・中学校77.3%。学校が楽しい：小学校90.6%・中学校86.0%
・学校施設リフレッシュ計画の策定（H26年度）
・さいたま市教育大綱の策定（H27年度）
・私立幼稚園の特別支援事業の支援、健康診断、健康相談への幼稚園への助成（H23年度より）
・幼児教育のあり方検討会議設置。「幼児教育のあり方検討会議報告書」による提言（H24年度）
・全市立幼・小・中・特別支援学校で「未来くる先生」（プロスポーツ選手、アーチストなどによる授業）を実施（H23年度より。小学校はH22年度開始）

著者プロフィール
清水 勇人（しみず・はやと）

昭和37年（1962年）埼玉県生まれ。

さいたま（旧大宮）市立植水小、明治学院中・同東村山高、日大法卒。（財）松下政経塾卒塾（7期生）。衆議院議員秘書を経て、平成15年、19年、南6区（さいたま市見沼区）より県議会議員選連続トップ当選。

全国初の議員提案による「埼玉県防犯のまちづくり推進条例」、「埼玉県スポーツ振興のまちづくり条例」を実現。

平成21年5月さいたま市長に初当選。

平成25年5月さいたま市長に再選（現2期目）。

平成25年第8回マニフェスト大賞「首長グランプリ」「最優秀マニフェスト賞（首長）」受賞ほか。

日本サッカーを応援する自治体連盟会長、共栄大学客員教授。

著書は『繁盛の法則』（TBSブリタニカ）、『犯罪のない安全なまちをつくろう』（埼玉新聞社）、『さいたま市未来創造図』（埼玉新聞社）、『スポーツで日本一笑顔あふれるまち』（埼玉新聞社）ほか。

もっと身近に、もっとしあわせに
市民満足度90％超の都市へ

平成28年11月21日　初版第1刷発行

発 行 者　小川 秀樹
発 行 所　株式会社 埼玉新聞社
〒331－8686
さいたま市北区吉野町2－282－3
TEL 048・795・9936（出版担当）
印刷・製本　株式会社 エーヴィスシステムズ